BERLITZ®

Frenc

WORKBOOK

Sarah Butler

Workbook series devised by Lynne Strugnell

French Workbook written by Sarah Butler

Handwriting font © Henry Bloomfield 1994

© 1994 Berlitz Publishing Co., Ltd.

Berlitz Publishing Co., Ltd., Berlitz House, Peterley Road, Oxford OX4 2TX, UK

Berlitz Publishing Co., Inc., 257 Park Avenue South, New York, NY 10010, USA

ISBN 2-8315-1323-5

Reprinted with corrections 1995. Printed in UK.

CONTENTS

Introduction

For over a century, Berlitz language courses and books have helped people learn foreign languages for business, for pleasure and for travel – concentrating on the application of modern, idiomatic language in practical communication.

This *Berlitz French Workbook* is designed for students who have learned enough French for simple day-to-day communication and now want to improve their linguistic knowledge and confidence.

Maybe you are following an evening class or a self-study course and want some extra practice – or perhaps you learned French some time ago and need to refresh your language skills. Either way, you will find the *Berlitz French Workbook* an enjoyable and painless way to improve your French.

How to Use the Workbook

We recommend that you set yourself a consistent weekly, or, if possible, daily study goal – one that you can achieve. The units gradually increase in difficulty and have a continuous storyline, so you will probably want to start at Unit 1.

Each unit focuses on a specific topic or situation: introducing yourself; eating out; travel; leisure activities and many more. Within the unit you will find exercises and word puzzles that build your vocabulary, grammar and communication skills. The exercises vary, but each unit follows the same basic sequence:

Match Game	relatively easy matching exercises that introduce each topic
Talking Point	a variety of exercises based on lively, idiomatic dialogues. Read these dialogues thoroughly, as they introduce the language you will use in the subsequent exercises
Word Power	imaginative vocabulary-building activities and games
Language Focus	specific practice in problem areas of grammar
Reading Corner	challenging comprehension questions based on a short text
Write Here	short writing tasks using key vocabulary and grammar from the previous exercises

We have provided space for you to write the answers into your Workbook if you wish, although you may prefer to write them on a separate sheet of paper.

If you want to check the meaning of a French word, the Glossary at the back of the Workbook gives you its English translation. The Grammar section offers a handy overview of the essential structures covered in this Workbook, and you can check all of your answers against the Answer Key.

We wish you every success with your studies and hope that you will find the *Berlitz French Workbook* not only helpful, but fun as well.

UNIT 1: me!

Unit 1 is about giving your name and address, simple introductions, and about nationalities.

Match Game

1. *être* (to be)

Match the subjects on the left with the appropriate form of the verb *être* on the right.

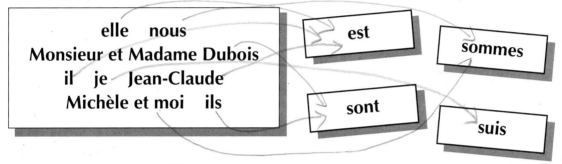

elle   nous
Monsieur et Madame Dubois
il   je   Jean-Claude
Michèle et moi   ils

est

sommes

sont

suis

Talking Point

2. Introductions

Marc Seguin has an interview for a new job this morning. He has just arrived for the interview. Read the dialogue and fill in each of the blanks with one of the expressions given in the box below.

s'il vous plaît   êtes   enchanté   ne suis pas   m'appelle   suis

Marc: Bonjour, Madame.

Denise: Bonjour, Monsieur. Vous êtes Monsieur Maury?

Marc: Non, je *ne suis pas* Monsieur Maury. Je *suis* Marc Seguin.

Denise: Oh pardon, Monsieur Seguin. Enchantée de faire votre connaissance. Je *m'appelle* Denise Delmar.

Marc: *enchanté* de faire votre connaissance.

Denise: Vous prenez du café, ou du thé, peut-être?

Marc: Du café, *s'il vous plaît*

Denise: Catrine! Catrine! … Catrine! Où *êtes* vous?

Catrine: Je suis désolée. Qu'est-ce que vous désirez?

Denise: Deux cafés, s'il vous plaît.

Word Power

3. *Les pays et les nationalités*
Complete the table.

Pays	Nationalité
la France	français
l'Espagne	Espagnól.
l'Angleterre	Anglais
l'Allemagne	allemand
l'ecosse	écossais
l'Italie	Italien
les Etats-Unis	Améncain
Le canada	canadien
le Japon	Japonais
le Brésil	brésilien
l'inde	indien
l'Australie	australièn

4. *Les numéros*

Rearrange the letters to find the numbers, and then match the words to the numbers.

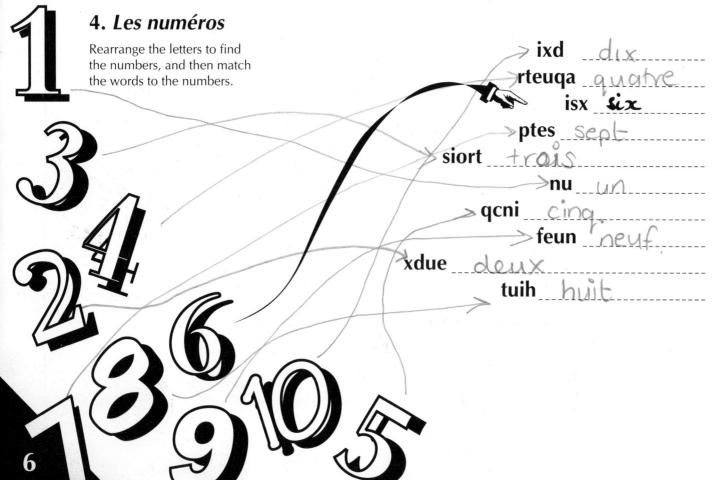

ixd	dix
rteuqa	quatre
isx	six
ptes	sept
siort	trois
nu	un
qcni	cinq
feun	neuf
xdue	deux
tuih	huit

Language Focus

5. Male and female

Use the words from the boxes to complete the sentences describing these people.

un
une
des
une
un
une
un
une

Example: Les Etats-Unis **C'est un Américain.**

1. Les Pays-Bas   C'est _néerlandais_
2. La Chine   C'est _chinoise_
3. L'Espagne   Ce sont _espagnols_
4. Le Maroc   C'est _marocain_
5. Le Japon   Ce n'est pas _japonaise_
6. L'Irlande   C'est _irlandais_
7. La Grèce   Ce n'est pas _Grecque_
8. La Belgique   C'est _Belge_

Marocain
Néerlandais
Belge
Irlandais
Japonaise
Chinoise
Espagnols
Grecque

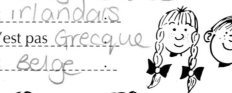

1.

2.

3.

4.

5.

6.

8.

7.

6. Negatives

Look at the pictures, and make sentences as in the example.

Example:  **Ce n'est pas Monsieur Lucas.** C'est Monsieur Dubonnet.

~~Lucas~~ Dubonnet

1. _Elle n'est pas française_ Elle est espagnole.
2. _Ils n_ Ils viennent d'Ecosse.
3. _____ C'est du thé.
4. Son nom _____ C'est Leclerc.
5. _____ Je suis marié.

1. ~~française~~ espagnole

2. ~~l'Angleterre~~ l'Ecosse

4. ~~Bonnet~~ Leclerc

5. ~~célibataire~~ marié

3. ~~café~~ thé

Reading Corner

7. Renseignements personnels

Look at the information on Marc's application form, then put the lines of the description in the correct order.

marié, il est célibataire. Il a
est français. Il vient de
Martinique. Elle a 29 (vingt-neuf) ans.
28 rue de la Rivière. Il n'est pas
Marc Seguin
Dominique. Elle vient de la
Lyon. Son adresse est
31 (trente et un) ans. Sa copine s'appelle

FORMULAIRE DE DEMANDE

NOM: Marc Seguin

ADRESSE: 28 rue de la Rivière, Lyon

AGE: 31

CELIBATAIRE/MARIÉ

Write Here

8. All about you

Write sentences about yourself.

Example: (Nom) *Je m'appelle Yves Michel.*

Renseignements personnels

(Nom) _____

(Adresse) _____

_____

(Nationalité) _____

(Age) _____

(Marié/célibataire) _____

8

UNIT 2: I've got a new job.

In Unit 2 you will practice talking about the family and asking how old someone is.

Match Game

1. *Des questions et des réponses*

Match each question to an appropriate response. Note that there is one response too many.

1. Comment ça va?
2. Vous êtes Madame Fèvre?
3. Du café?
4. D'où vient-elle?
5. Quel âge a-t-elle?
6. Comment allez-vous?

( ) a. De Paris.
( ) b. Oui, s'il vous plaît.
( ) c. Je ne sais pas.
( ) d. Non, je m'appelle Jeanne Dupont.
( ) e. Très bien, merci, et vous?
( ) f. Elle a 17 ans.
( ) g. Ça va. Et toi?

Talking Point

2. *Je suis journaliste*

Marc's job interview was successful. He calls his girlfriend Dominique to give her the news. Fill in the blanks in their conversation with the verbs from the box.

est	a	suis	est	vient	ai	n'es pas	as	est	appelle

Marc: Salut. C'_____ Marc.

Dominique: Oh, salut Marc.

Marc: J'ai de bonnes nouvelles. J'_____un nouvel emploi!

Dominique: Tu _____ un nouvel emploi? Où?

Marc: Chez Voyageurs Internationaux, une entreprise de tourisme international. Je _____ journaliste touristique!

Dominique: Mais tu _____ journaliste. Tu es ingénieur!

Marc: Plus maintenant. Maintenant, je suis journaliste.

Dominique: Et ton nouveau patron? Il _____ sympa? Comment s'_____-t-il?

Marc: Elle s'appelle Pascale Villier. Et oui, elle _____ vraiment sympa!

Dominique: Elle? Tu as une patronne? Elle _____ quel âge? D'où _____-elle? Est-elle mariée?

Marc: Ne t'inquiète pas. Elle a un mari et quatre enfants!

Word Power

3. Quel âge avez-vous?

Look at the chart and complete the sentences.

Jean-Yves **a onze ans.** --

Catrine et Pierre --

Céline ---

Luc --

Fabienne --

NOM	AGE
Jean-Yves	11
Catrine	31
Pierre	31
Céline	67
Luc	73
Fabienne	88

4. Dominique's family tree

Look at Dominique's family tree and complete her statements using the words in the box.

ma	ma	son	mon	ma	sa	mon	son	mon

Fabienne
Céline
Luc
Jean-Paul
Dominique
Moi!!
Catrine
Pierre
Marie-Claire
Jean-Yves

Fabienne

Céline = *Luc*

Jean-Paul *Dominique Moi!!* *Catrine* = *Pierre*

Marie-Claire *Jean-Yves*

1. _____ frère s'appelle Jean-Paul.

2. _____ sœur s'appelle Catrine.

3. Catrine est mariée. _____ mari s'appelle Pierre.

4. _____ fille s'appelle Marie-Claire.

5. _____ fils s'appelle Jean-Yves.

6. Marie-Claire est _____ nièce, et Jean-Yves est _____ neveu.

7. _____ mère s'appelle Céline, et _____ père s'appelle Luc.

10

Language Focus

5. *avoir* (to have)

Look at Dominique's family tree once more and complete these sentences.

Example: Catrine et Pierre ont deux enfants.

1. J' _____ sœur.

2. Jean-Paul _____ sœurs.

3. Je n' _____ pas de mari.

4. Mes parents _____ enfants.

5. Ma grand-mère _____ petits-enfants.

6. Jean-Paul, Catrine et moi, nous _____ deux parents très gentils.

6. *Tu* and *vous*

Marc's friend Serge is sitting outside his favourite café, drinking coffee and greeting his friends as they pass by. Fill in the blanks in the dialogue by deciding first whether he would say *tu* or *vous* and then by choosing the appropriate verb from the box.

Serge:	Salut Marc! Ça va?
Marc:	Pas mal. Et toi, _____ bien?
Serge:	Très bien. Tiens, c'est le docteur Manceaux. Bonjour, docteur. Comment _____?
Le docteur:	Bonjour Serge. Très bien, merci.
Serge:	Oh là, c'est ma petite cousine Delphine.
Delphine:	Salut Marc! Salut Serge! Serge, _____ m'acheter un Pernod?
Serge:	Non, Delphine. _____ trop jeune.

> **allez**
> **vas**
> **es**
> **vas**

7. Making questions

The answers to some questions have been given below. Put the words in the correct order to make the questions.

Example: une/avez/voiture/vous **Q: Vous avez une voiture?** **A:** Oui, j'en ai une.

1. copine/il/une/a **Q:** _____? **A:** Oui, elle s'appelle Claire.

2. habitent/tes/parents/où **Q:** _____? **A:** Ils habitent à Marseille.

3. ton/âge/fils/quel/a **Q:** _____? **A:** Il a deux ans.

4. couleur/de/quelle/est/voiture/ta **Q:** _____? **A:** Elle est bleue.

Reading Corner

8. *Une carte postale*

Read Marc's postcard to his parents and respond to the statements below as in the example.

Chers Maman et Papa,

Comment allez-vous? Moi, je vais bien. J'ai de bonnes nouvelles. J'ai un nouvel emploi! Je ne suis plus ingénieur maintenant – je suis journaliste. C'est une grande entreprise: elle s'appelle Voyageurs Internationaux et elle a des filiales à Londres, Rome, New York, Madrid, Berlin et Tokyo!

Grosses bises, Marc

PS J'ai aussi une nouvelle copine. Elle s'appelle Dominique. Elle est photographe.

Example: Marc a de mauvaises nouvelles.

Non, il n'a pas de mauvaises nouvelles. Il a de bonnes nouvelles.

1. Marc a une nouvelle voiture. _____

2. Marc est ingénieur maintenant. _____

3. Voyageurs Internationaux est une petite entreprise. _____

4. Elle a cinq filiales. _____

5. La copine de Marc est journaliste. _____

Write Here

9. The policeman's questions

On her way home from the office Pascale is stopped by a policeman who begins to ask her a lot of questions. Complete the conversation by filling in the questions and answers.

Agent de police: Pardon, Madame.

Pascale: Oui, Monsieur?

Agent: (Madame Pascale Villiard?)   *Vous êtes Madame Pascale Villiard?*

Pascale: (non – Pascale Villier)   *Non. Je suis Pascale Villier.*

Agent: (adresse 47 avenue du Parc?) _____

Pascale: (non – 47 avenue du Lac) _____

Agent: (mariée?) _____

Pascale: (oui) _____

Agent: (nom du mari?) _____

Pascale: (Philippe) _____

Agent: (comptable?) _____

Pascale: (non – professeur) _____

Agent: (de Londres?) _____

Pascale: (non – français) _____

Agent: Je comprends. Je suis désolé. J'ai fait une erreur. Au revoir!

UNIT 3: Where's your office?

This unit is about houses, offices and hotels, and the things in them, and about colors.

Match Game

1. Où est le chat?

Match the pictures to the appropiate phrases.

a. sous la fenêtre

b. sur la chaise

c. dans le coin

d. derrière le canapé

e. à côté de la télévision

f. entre la télévision et le canapé

g. près de la porte

Talking Point

2. Le bureau

Marc is talking to his mother on the phone and telling her about his new job at Voyageurs Internationaux. Complete their conversation by choosing which of the alternatives is most suitable to fill each blank.

Mère: Où se trouve l'entreprise, Marc?

Marc: Elle est à Villeneuve. C'est le (grand/grande) _____ bâtiment (blanc/blanche) _____ à côté de l'hôtel Bienvenu.

Mère: Ah, oui, je le connais. Et les gens sont (agréable/agréables) _____ ?

Marc: Oui, ils sont vraiment (gentils/gentilles) _____ .

Mère: Et tu as un bureau?

Marc: Oui, et il est très (beau/belle) _____ . Il a des murs (bleus/bleues) _____ et un tapis (vert/verte) _____ .

Mère:	Oh là! (Quel/Quelle) _____ horreur!
Marc:	Moi, j'aime mon bureau. Je suis tout à fait (content/contente) _____ .
Mère:	Et Dominique, elle est (content/contente) _____ ?
Marc:	Eh bien … non.
Mère:	Pourquoi?
Marc:	Euh … parce qu'elle est (jaloux/jalouse) _____ !

Word Power

3. *Les couleurs*

There are eleven colors hidden in the word square.
Can you find them? One has been done for you.

```
P Q T O R A N G E  E E
R U A Y O M C R  D  P
J B L E U B L I  S  O
Z L I H G U X S  P  U
J A U N E V I E T R
R N G O L F D O U P
E C C I V M V L Y R
U Z A R O S E I N E
O V Y O M A R R O N
U P G I U D T U T B
```

4. Odd man out

Circle the word which doesn't belong in the location
at the beginning of the line.

1. **bureau:**   secrétaire   magasin   chaise   ordinateur   téléphone   patron

2. **salon:**   canapé   tapis   chaise   savon   télévision   table

3. **cuisine:**   bureau   frigo   machine à laver   couteau   évier   fenêtre

4. **salle de bains:**   lavabo   bain   douche   eau   œuf   porte

Language Focus

5. *du/ de la/ de l'/ des*

Fill in the blanks with *du, de la, de l'* or *des*.

1. _____ café, s'il vous plaît.

2. Il y a _____ viande dans le frigo?

3. Il y a _____ touristes anglais dans l'hôtel.

4. Ils ont _____ ordinateurs très modernes au bureau.

5. Vous avez _____ eau minérale ici?

6. Non, mais nous avons _____ bière.

7. _____ bière et _____ vin, alors, s'il vous plaît.

6. Making questions and answers

Using the cues below, ask some questions and give short answers.

Example: canapé/salon

Est-ce qu'il y a un canapé dans le salon?

Oui, *il y en a un* or Non, *il n'y en a pas.*

1. douche/salle de bains

Oui,

2. machine à laver/cuisine

Non,

3. œufs/frigo

Oui,

4. restaurants/Villeneuve

Oui,

5. femmes/votre bureau

Non,

6. lit/chambre

Oui,

Reading Corner

7. *L'hôtel Bienvenu*

Read the description of the ground floor layout of the hôtel Bienvenu and then write in the location of the various rooms on the plan on the next page.

A côté du hall, à gauche, il y a un grand restaurant, et à droite, il y a un petit café. Il y a une librairie entre le café et l'agence de voyages. Les téléphones publics sont près de l'agence de voyages. Il y a un petit gymnase à côté du sauna, et une petite piscine derrière le gymnase. Il y a des W-C dans le coin, près du restaurant. Dans le hall, il y a des canapés, des chaises et des tables basses.

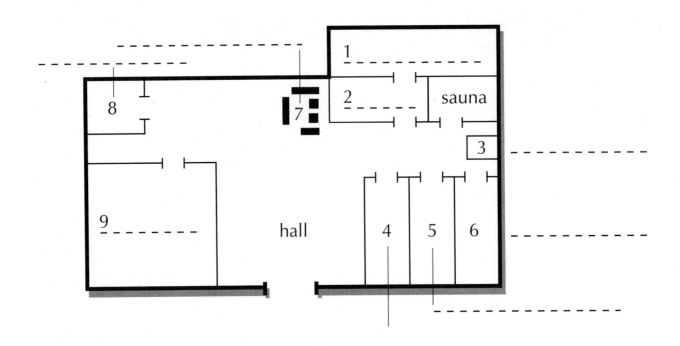

 # Write Here

8. La nouvelle maison de Dominique

Marc's girlfriend Dominique recently moved into a new house. Read the description and then write appropriate questions for the answers below.

Example: *Y a-t-il une douche?*

Non, il n'y en a pas.

1. _____

Il y en a deux.

2. _____

Oui, il y en a une. Elle est dans la cuisine.

3. _____

Il est jaune.

4. _____

Il est à côté de la maison.

5. _____

Oui, et il y a trois pommiers là-dedans.

6. _____

Il est derrière la maison.

> **PRIX AVANTAGEUX!!!** petite maison, 2 chambres, salle de bains (pas de douche), grande cuisine avec machine à laver, salon jaune!!, garage (à côté), petit jardin derrière (3 petits pommiers). Appelez 43 99 10 23.

UNIT 4: *Do you love me?*

This unit is about likes and dislikes, hobbies, telling the time, and what you are going to do.

Match Game

1. Rhyming words

Connect the words which rhyme.

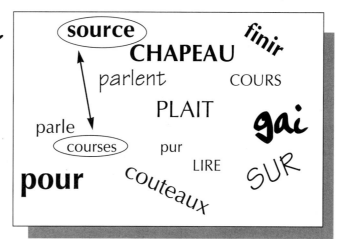

Talking Point

2. *L'heure du petit déjeuner*

Pascale Villier has just made breakfast and is waiting for the children, Nadine and Jean-Claude, and her husband, Philippe, to come downstairs. Read the conversation, and then answer the questions.

Pascale: A table! Où sont les enfants? Le petit déjeuner est prêt!

Philippe: Le petit déjeuner est prêt, mais les enfants ne le sont pas. Nadine est toujours dans son bain et Jean-Claude est toujours au lit. Et il a mon journal.

Pascale: Quoi?! Mais il est huit heures.

Philippe: Moi, je suis prêt. Du café et des croissants – mm! J'adore le café et les croissants. Ah, voici Nadine.

Nadine: Bonjour Maman, Bonjour Papa.

Pascale: Tu es en retard – il est huit heures. Tu vas rater ton autobus.

Nadine: Pardon! C'est mon petit déjeuner? Du café et des croissants? Beurk! Non merci.

Pascale: Comment? Mais tu aimes le café et les croissants.

Nadine: Non, je ne les aime pas. Le café, ça contient de la caféine, qui est une drogue. Les croissants sont pleins de beurre. Moi, je mange des choses pures et naturelles. Regarde cet article dans mon magazine: «La vérité sur la nourriture – trouvez la beauté dans la pureté».

Example: Qui est dans le bain?   *Nadine est dans le bain.*

1. Qui est toujours au lit? _____

2. Qui a le journal de Philippe? _____

3. Qui est prêt? _____

4. Qui va rater son autobus? _____

5. Qui aime le café et les croissants? _____

6. Que mange Nadine maintenant? _____

Word Power

3. What time is it?

Look at the clocks, and write the times underneath each one.

Example:

1. _____   2. _____

Il est neuf heures et demie.   3. _____   4. _____

4. *Où est-il à sept heures?*

Write sentences about Marc's daily schedule, using the phrases in the box.

Example: 6h30   *A six heures trente il est au lit.*

		à la cantine

1. 7h30 _____

2. 8h30 _____

3. 9h00 _____

4. 12h30 _____

5. 18h30 _____

6. 20h30 _____

à la cantine
dans son bain
au bar
au lit
dans sa voiture
au bureau
au gymnase

Language Focus

5. *Vous adorez ou vous détestez?*

Reorder these sentences by degree of liking.

1. Je l'aime assez bien.

    _____

2. Je le déteste.

    _____

3. Je l'aime beaucoup.

    _____

4. Je ne l'aime pas beaucoup.

    _____

5. Ce n'est pas mal.

    _____

6. Je l'adore.

    _____

7. Je ne l'aime pas du tout.

    _____

6. *Est-ce que tu m'aimes?*

Choose the appropriate word to go in the blanks and then put in the correct form of the verb in parentheses.

> le   la
> les   l'   me
> m'   te   t'

Example: 1. Je n'aime pas mon nouvel emploi. En fait, je **le** (détester) **déteste.**

1. Tu _____ aimes? Oui, je_____ (aimer) _____ !

2. Ma tante n'aime pas les chats. Elle ne _____ (aimer) _____ pas du tout.

3. Tu _____ (détester) _____ j'en suis sûr.

4. Mais non. Je _____ (trouver) _____ adorable!

5. L'institutrice de nos enfants est cruelle. Nous _____ (détester)_____ .

7. Future

Fill in the blanks using the words in the box to make sentences about things that haven't yet happened.

1. Nous _____ partir à 8h00.

2. Je _____ acheter les provisions à 18h00, et je

    _____ rentrer à 19h00.

3. Quand est-ce que vous _____ changer d'emploi?

4. S'il ne se lève pas maintenant, il _____ être très en retard.

5. Ils _____ danser toute la nuit.

6. Tu _____ nous aider, cet après-midi?

> allez   vont
>
> vais   allons
>
> vas   vais   va

Reading Corner

8. *Elle aime le vin rouge, mais…*

Marc is having second thoughts about his girlfriend, Dominique, because their tastes are so different. Look at part of the letter he wrote her – and then tore up – and find the correct order.

a. la viande, mais toi, tu es végétarienne. Tu

b. l'aimes pas beaucoup. Tu aimes nager et

c. Tu aimes le vin rouge, mais moi,

d. adores aller aux magasins, et moi
je déteste ça. J'

e. j'aime la bière. J'adore

f. aime danser, mais tu ne

g. t'aime? Oui, je t'aime.

h. jouer au badminton, mais moi je
n'aime pas ces sports. Est-ce que je

Write Here

9. *Vous aimez danser?*

Pascale Villier is meeting Pierre and Rosine on Saturday and they are trying to decide what to do, as they all like doing different things. Ask and answer questions about what they like doing.

	Pierre	Pascale	Rosine
jouer au badminton	beaucoup!	pas beaucoup	pas du tout
nager	pas beaucoup	assez bien	pas beaucoup
aller aux magasins	déteste	pas vraiment	adore
danser	pas mal	Beurk! déteste!	non! déteste!
aller au bar	adore	adore	pas vraiment

Example: Pierre/le badminton. Q: Pierre, aime-t-il jouer au badminton?

A: Oui, il aime beaucoup y jouer.

1. Rosine/magasins? **Q:** _____ **A:** _____

2. Pierre et Rosine/nager? **Q:** _____ **A:** _____

3. Pascale/nager? **Q:** _____ **A:** _____

4. Pascale et Rosine/danser? **Q:** _____ **A:** _____

5. Rosine/badminton? **Q:** _____ **A:** _____

6. Pierre/bar? **Q:** _____ **A:** _____

UNIT 5: Are you free tomorrow evening?

This unit is about daily activities, and how often they do something. There is also some work on time and the days of the week.

Match Game

1. What's the time?

Match the clocks to the correct time.

1. sept heures et quart
2. trois heures et quart
3. seize heures quinze
4. trois heures quarante-cinq
5. dix heures moins le quart
6. huit heures quinze
7. midi moins le quart
8. douze heures quarante-cinq

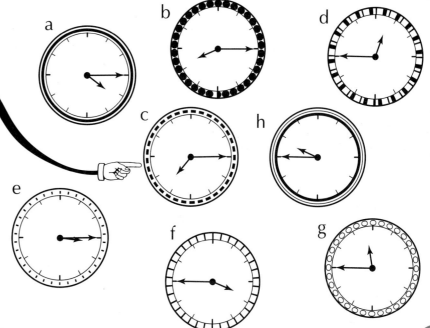

Talking Point

2. Tu veux sortir avec moi?

It's Marc's second week on his new job. He greets the receptionist, Anne, as he arrives on Monday morning. Fill in the blanks with the appropriate verb from the box.

Anne: Bonjour, Marc.

Marc: Bonjour, Anne. Euh…Anne? Est-ce que tu as des projets pour ce soir? Je ne _____ rien, donc…

Anne: Je _____ désolée, Marc. Je _____ au tennis le lundi.

Marc: Tu _____ au tennis. Eh bien, demain, peut-être? Que _____-tu demain soir?

Anne: Demain, c'est mardi. Non, désolée, mais j'_____ l'espagnol le mardi. Et le mercredi je _____ de la guitare.

écris connais fais
rends joue prépare
sors prépares regarde
passe apprends fais
joues écris joue suis

Marc: Oh là là, mais c'est difficile! Que fais-tu le jeudi et le vendredi? Tu _____ de la poésie japonaise? Tu _____ des repas chinois?

Anne: Non, je n'_____ pas de poésie, et je ne _____ pas de repas chinois. D'habitude je _____ la télévision chez moi le jeudi et je _____ toujours visite à mes parents le vendredi.

Marc: Et le week-end? Que fais tu le samedi et le dimanche?

Anne: Je ne _____ jamais avec des hommes que je ne _____ pas le week-end.

Marc: Mais tu me connais!

Anne: Je suis désolée, Marc, mais je _____ le week-end avec mon copain. Et toi, tu as une copine, Marc.

Word Power

3. Find the verb

Think of an appropriate verb to go with each picture.

Example:

d. _____

_____ je bois _____

a. _____

c. _____

b. _____

e. _____

f. _____

4. Anne's daily activities

Put these actvities in the order in which Anne does them, and link them to the most appropriate time. Then write the 24-hour times next to the activity.

1. Je lis le journal _____

2. Je prends le petit déjeuner _____

3. Je prépare le dîner _____

4. Je vais au lit _____

5. Je prends ma douche _____

6. Je commence le travail _____

7. Je me lève _____

7.05	7.10
7.25	7.45	8.05
9.00	12.50	17.35
18.30	19.20	22.30

8. Je finis le travail _____

9. Je regarde la télévision _____

10. Je vais au bureau _____

11. Je prends le déjeuner _____

Language Focus

5. Mixed-up sentences

Rearrange the words to make sentences.

1. football je toujours samedi le au joue

   ----

2. parents Anne à visite ses souvent rend

   ----

3. au voiture Marc va en d'habitude travail

   ----

4. la je fais week-end pas vaisselle ne le

   ----

5. vendredi Pascale gymnase au quelquefois va le

   ----

6. café boit ne Nadine jamais de

   ----

6. Question words

Select the appropriate question word from the box to complete these questions, and then give answers about yourself.

| combien |
| quand |
| que |
| comment |
| quel |
| où |
| qui |

1. _____ êtes-vous? _____

2. _____ habitez-vous? _____

3. _____ allez-vous? _____

4. _____ âge avez-vous? _____

5. _____ d'enfants avez-vous? _____

6. D'habitude, _____ faites-vous le samedi? _____

7. C'est _____ , ton émission favorite à la télévision? _____

Reading Corner

7. *Le journal de Dominique*

Marc's girlfriend Dominique is finding life boring. She thinks it's time for a change. Look at her diary and fill in the blanks with *à, au, aux* or *en.*

Ma vie n'est pas intéressante du tout. Je me lève toujours _____ 7h15, je vais toujours _____ bureau (_____ voiture) _____ 8h30 et je rentre toujours chez moi _____ 18h00. Je lis le journal, je regarde la télévision, j'écris des lettres _____ mes amis _____ Espagne, et _____ Etats-Unis. Je vais _____ cinéma avec des amis, ou on joue _____ cartes _____ bar _____ face de la gare. Je vais au supermarché _____ côté du bureau pour faire mes achats. Et je sors toujours avec Marc. C'est toujours la même chose, les mêmes gens ...

Write Here

8. Write out your own diary

Write out your own diary page for a typical day, using the prompts if you need inspiration.

Example: se lever?	<u>A sept heures je me lève et je bois une tasse de thé.</u>
se laver?	---
prendre le petit déjeuner?	---
aller au travail?	---
commencer le travail?	---
prendre un café?	---
prendre le déjeuner?	---
faire des achats?	---
aller chercher les enfants à l'école?	---
préparer le dîner?	---
sortir?	---
lire?	---
regarder la télévision?	---
aller au lit?	---

UNIT 6: How much is this?

This unit is about shopping: asking for various goods, clothing sizes, and prices. There is also practice talking about the future.

Match Game

1. Shop talk

Match the beginnings and ends of the sentences.

1. Cette jupe
2. Que
3. Je cherche des
4. C'est combien,
5. Je n'aime
6. Vous faites
7. Est-ce que vous avez
8. J'aime ce

( ) a. pas cette couleur.
( ) b. ceci en quarante-deux?
( ) c. est jolie.
( ) d. chaussettes bleues.
( ) e. jean noir.
( ) f. désirez-vous, Madame?
( ) g. quelle taille, Monsieur?
( ) h. cette montre?

Talking Point

2. *Un cadeau pour Marc*

It's Marc's birthday soon, and Dominique is out shopping for a present with her friend Brigitte. Read the conversation and then answer the questions below.

Brigitte: Cette chemise est jolie.

Dominique: Oui, c'est vrai, mais Marc n'aime pas le marron.

Brigitte: Il porte quelles couleurs, d'habitude?

Dominique: Il aime le bleu, le gris ou le noir. Il porte quelquefois du vert.

Brigitte: Que penses-tu de celle-ci? C'est une jolie couleur.

Dominique: Elle fait quelle taille? Moyenne. C'est combien? Où est l'étiquette?

Brigitte: La voilà. Comment?! 500F (cinq cents Francs)?!

Dominique: C'est de la soie. Je n'aime pas du tout ce prix.

Vendeur: Bonjour, Madame. Est-ce que je peux vous aider?

Dominique: Oui. Je cherche une chemise bleue ou noire en coton. Une chemise sport. C'est pour mon copain.

Vendeur: Il fait quelle taille?

Dominique: Je ne sais pas. Moyenne, peut-être.

Vendeur: Ces chemises-ci sont très à la mode en ce moment. Ou celles-ci, peut-être?

Dominique:	Elles sont belles. Elles coûtent combien?
Vendeur:	Elle sont à 350F.
Dominique:	Comment? 350F? Je n'ai pas 350F!
Brigitte:	Pourquoi ne pas lui donner une cravate? Celles-ci ne sont pas trop chères.
Dominique:	Bonne idée. Je ne veux pas un cadeau qui coûte cher. Je n'aime plus beaucoup Marc. Une cravate bon marché, c'est une bonne idée.

1. Marc aime quelles couleurs? _____

2. Est-ce qu'il aime le marron? _____

3. La chemise en soie coûte combien? _____

4. Dominique cherche une chemise en coton ou en soie? _____

5. Sait-elle quelle taille Marc fait? _____

Word Power

3. Find the clothes

Rearrange the letters to find the articles of clothing. Add *un* or *une* or *des* to each word.

Example: peuj _une jupe_ _____

1. upahcea _____
2. anje _____
3. ephréca _____
4. tmanuea _____
5. etsve _____

6. Inpaaont _____
7. shurescua _____
8. plrémeibaem _____
9. bore _____
10. llntcoa _____

4. *De l'argent*

Write out these prices in full.

Example: 3F50 _trois Francs cinquante_

1. 7F35 _____
2. 15F25 _____
3. 21F00 _____
4. 39F55 _____
5. 60F05 _____
6. 71F45 _____

7. 79F00 _____
8. 80F50 _____
9. 99F00 _____
10. 120F00 _____
11. 205F00 _____
12. 1000F50 _____

Language Focus

5. Quelle montre? Celle-ci.

Use *quel, quelle, quels* or *quelles* to complete these questions, then answer them using *celui-ci, celle-ci, ceux-ci* or *celles-ci.*

1. _____ robe est-ce que tu préfères? _____ , je crois.

2. _____ chemise est plus belle? _____ tu ne crois pas?

3. Tu prends _____ chapeau? Je prends _____ .

4. Tu aimes _____ chaussettes? J'aime _____ .

5. Il aime ce style? Non, il préfère _____ .

6. Tu prends ces pulls-ci? Non, je prends _____ .

6. C'est combien, cet imperméable?

Ask and answer questions about these items, as in the example.

59F

1. 350F

2. 95F50

Example: Q: Ils font combien, ces gants?
A: Ils font cinquante-neuf Francs.

1. Q: _____
   A: _____
2. Q: _____
   A: _____
3. Q: _____
   A: _____
4. Q: _____
   A: _____
5. Q: _____
   A: _____
6. Q: _____
   A: _____

3. 450F25

4. 5F/KILO

5. 75F

6. 25F

Reading Corner

7. Who cooks?

Read the description below and fill in the blanks using the expressions from the box, right, but put into a future tense (so, for example, *acheter* might become *vais acheter*).

préparer   rentrer
s'asseoir   verser
quitter   ne pas cuisiner
sortir   faire
manger   arriver

Ce soir, Pascale _____ les courses, mais elle _____ – elle déteste cuisiner. Elle _____ le bureau à 17h30 pour aller au supermarché et elle _____ à la maison à 18h15. Philippe, lui, _____ un peu plus tard – à 18h30. Il _____ deux verres de vin, et puis, il _____ le dîner. La famille _____ une heure plus tard. Si les devoirs sont finis, Jean-Claude et Nadine _____, pour aller à la Maison des Jeunes. Et leurs parents _____ enfin.

Write Here

8. Shopping questions

Make up appropriate questions to go with these answers.

Example: Est-ce que vous avez des chemises en soie? _____

Je suis désolé, Madame. Nous n'avons pas de chemises en soie.

1. _____

Elle fait du quarante-quatre.

2. _____

Elle coûte 350F.

3. _____

Il est noir et gris.

4. _____

Elles coûtent 95F.

5. _____

Oui, s'il vous plaît. Avez-vous des chaussettes en coton?

6. _____

Les cravates? Elles sont à côté des chemises.

UNIT 7: The bar's down there.

Unit 7 is about directions, stores and public buildings, and opening and closing times.

Match Game

1. C'est à gauche

Match the descriptions with the pictures.

1. en face de
2. la troisième maison à droite
3. tout droit
4. à gauche
5. au carrefour, vous continuez tout droit
6. à droite
7. la deuxième maison à gauche
8. tout au bout

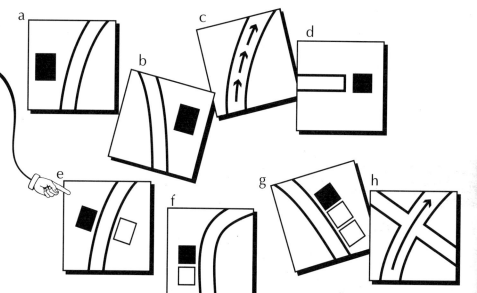

Talking Point

2. C'est par là!

Marc is on his way to meet his girlfriend, Dominique, for a drink, but he's late. As he hurries along the street a young Japanese woman stops him. She's a tourist.

Touriste: Excusez-moi…

Marc: Je peux (tu/vous) _____ aider?

Touriste: Le musée des beaux-arts, est-ce (loin de/près) _____ d'ici?

Marc: C'est assez près. Vous (savez/connaissez) _____ le magasin de vêtements au coin là? Il faut tourner à gauche là, c'est la rue du Pont, et puis vous allez tout (droite/droit) _____ , le long de l'avenue du Maréchal Foch, (jusqu'à/à côté d') _____ une grande église (à/en) _____ votre (droit/droite) _____ . Là, vous tournez à (droit/droite) _____ , et le musée des beaux-arts est (à/en) _____ votre gauche. Il y a un grand panneau (devant/derrière) _____ le musée. C'est facile à trouver.

Touriste:	Je suis désolée… Est-ce que je (monte/tourne) _____ à gauche (ou/où) _____ à droite au magasin? Et (comment/où) _____ se trouve le pont? Je ne comprends pas.
Marc:	Ne vous inquiétez pas. Venez (avec/sans) _____ moi. … (C'est/Voici) _____ le magasin. Vous tournez à gauche ici. Et (voici/ici) _____ le pont. Dites, d'où venez-vous?
Touriste:	Je viens (à/du) _____ Japon. (Elle voit Dominique, qui est (à/de) _____ l'autre côté de la rue.) Excusez-moi, mais, cette femme…c'est votre amie?
Dominique:	Marc!
Marc:	Dominique! C'est Dominique, ma copine. Euh…Salut!
Dominique:	Salut, Marc. Et c'est (qui/quoi) _____ ?Ta nouvelle copine? Le bar n'est pas par ici – il est par là.
Marc:	Je sais, je sais, mais…
Dominique:	Bien. Va par (ici/là) _____ avec ta nouvelle amie. Au revoir!

Word Power

3. Les numéros

Fill in the crossword with the ordinal numbers (*première, deuxième*, etc.).

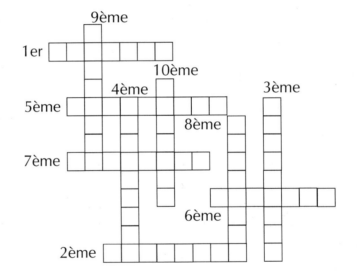

4. Dans la rue

Choose a word or expression from each box to complete the sentences.

à la chez le au au à la à la à la à la à la

banque
poste
supermarché
boucher
bibliothèque
restaurant
piscine
librairie
boulangerie

1. Vous empruntez des livres _____

2. Vous achetez des timbres _____

3. Vous nagez _____

4. Vous déposez de l'argent _____

5. Vous achetez vos provisions _____

6. Vous achetez de la viande _____

7. Vous prenez un repas _____

8. Vous achetez un livre _____

9. Vous achetez des croissants _____

Language Focus

5. Reflexive verbs

Choose the right word to complete these sentences.

1. Je (me/se) _____ lève à 6h00.

2. Mais non, chérie, tu (se/te) _____ lèves à 7h00!

3. Nous (nous/vous) _____ habillons toujours très vite.

4. Il (me/se) _____ lave avant de (m'/s') _____ habiller.

5. Les enfants (s'/m') _____ inquiètent si je ne suis pas prête à 8h30.

6. Vous allez (vous/se) _____ lever à quelle heure?

6. Negatives

Rewrite these statements so that they say the opposite by using the negative phrase given in parentheses.

Example: Je mange toujours des croissants pour mon petit déjeuner. (ne jamais)

Je ne mange jamais de croissants pour mon petit déjeuner.

1. Ils ont beaucoup. (ne rien)

   ----

2. Nous avons plus de 100F. (ne que)

   ----

3. Je l'aime toujours. (ne plus)

   ----

4. Tous les jours il m'aide à la cuisine. (ne jamais)

   ----

5. Vous avez encore du vin dans la cave? (ne plus)

Reading Corner

7. C'est où, la fête?

Pascale Villier has invited several of the staff at Voyageurs Internationaux to a party at her house. Read her instructions showing how to get to her house, and then mark it on the map.

Vous tournez à gauche au carrefour, et vous suivez la route pour Bellevue. Vous prenez la deuxième à droite, qui est la rue de la Fôret. Allez tout droit et traversez le pont au-dessus de la rivière, jusqu'au téléphone public à gauche. Tournez à droite, et notre maison est la deuxième à droite.

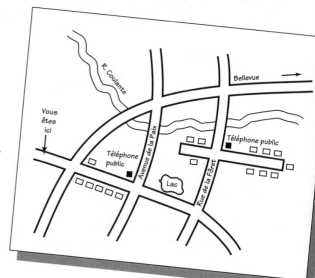

Write Here

8. Il est ouvert quand?

Look at the opening times of the various places, and make questions and answers like the one in the example.

Example:

PISCINE

HEURES D'OUVERTURE
Mar–Sam: 9h00–20h00
Dim: 10h00–17h30
Lun: Fermée

Q. Elle est ouverte quand, la piscine?

A. Elle est ouverte de neuf heures jusqu'à vingt heures pendant la semaine et le samedi, et de dix heures jusqu'à dix-sept heures le dimanche. Elle est fermée le lundi.

BIBLIOTHÈQUE PUBLIQUE DE BELLEVUE

Lundi–Vendredi 10h00–18h00
(Fermée de 12h30 à 14h00)
Samedi 10h00–13h00
Dimanche Fermée

Bureau de Poste

L	9h00	17h00
M	9h00	17h00
M	9h00	17h00
J	9h00	17h00
V	9h00	17h00
S	9h00	12h00
D	Fermé	

Restaurant de la Bonne Paysanne
✻✻✻✻✻✻✻✻✻✻✻✻✻✻

Ouvert 12h30 - 15h00
19h00 - minuit

Tous les jours, sauf le lundi

1. Q: _____

   A: _____

   _____

2. Q: _____

   A: _____

   _____

3. Q: _____

   A: _____

   _____

UNIT 8: Did you have a good weekend?

This unit is about things that happened in the past and weekend activities.

Match Game

1. Past tense

Match the past tense verbs on the left with an appropriate word or phrase on the right to make sentences.

1. J'ai acheté
2. Nous sommes allés
3. Vous avez ouvert
4. Maman et Papa ont fait
5. Tu as vu
6. Oui, j'ai lu
7. Louise m'a donné

( ) a. Alain, hier?
( ) b. ce livre.
( ) c. la vaisselle.
( ) d. la fenêtre?
( ) e. un très joli cadeau.
( ) f. au cinéma.
( ) g. des provisions.

Talking Point

2. *Tu as passé un bon week-end?*

At work on Monday morning, Marc is talking to the receptionist, Anne, about his weekend. Fill in the blanks with the correct form of the verb in the past tense, adjusting preceding words as necessary (for example, you may need to change *je* to *j'* if it is followed by *ai*).

Anne: Tu (passer) _ _ _ _ _ _ _ _ _ un bon week-end, Marc?

Marc: Non, pas du tout. Je (passer) _ _ _ _ _ _ _ _ _ un week-end affreux.

Anne: Pourquoi?

Marc: Dominique me (voir) _ _ _ _ _ _ _ _ _ avec une autre femme.

Anne: Eh bien…

Marc: Mais non. Une touriste me (demander) _ _ _ _ _ _ _ _ _ des directions. Naturellement, je (aider) _ _ _ _ _ _ _ _ _ la pauvre femme. Elle était japonaise et elle (ne pas comprendre) _ _ _ _ _ _ _ _ _ mes directions pour trouver le musée des beaux arts. Alors, j'y (aller) _ _ _ _ _ _ _ _ _ avec elle. Elle était très jolie.

33

Anne:	Et Dominique te (voir) _____ . Qu'est-ce qu'elle (dire) _____ ?	
Marc:	Pas beaucoup. Elle (partir) _____ presque sans un mot.	
Anne:	Oh là là!	
Marc:	Et je lui (téléphoner) _____ le soir, et je (tout expliquer) _____ mais elle ne m'a pas cru. Elle (décider) _____ qu'elle ne m'aime plus.	
Anne:	Et toi, tu l'aimes toujours…	
Marc:	Oui, mais je (prendre) _____ rendez-vous avec Riko pour la semaine prochaine!	

Word Power

3. Odd man out

Circle the word which does not belong.

1. le tennis la natation le rugby la piscine l'athlétisme

2. le pont le restaurant le bar la poste la bibliothèque

3. sommes allés suis venue sont restés ont mangé est sorti

4. matin demain après-midi soir nuit

5. qui quelles quand quoi quitte quel

Language Focus

4. Plurals

Fill in the plurals of the words in the chart.

Singular	Plural
je	nous
le manteau	
monsieur	
le travail	
fou	
le feu	
un cheval	
le bal	
un chou-fleur	
le chemin de fer	

5. *avoir* or *être?*

Fill in the blanks with the appropriate part of *avoir* or *être*.

Example: Théo **a** acheté deux billets pour le théâtre.

1. Mes cousins _____ venus chez nous pour Noël.

2. Le week-end dernier nous _____ allés au stade pour voir le match.

3. Laurent _____ regardé deux films à la télévision hier soir.

4. Moi, je ne _____ pas restée à la maison.

5. Qu'est-ce que vous _____ fait l'année dernière pour les vacances?

6. L'enfant _____ tombé par terre, et s'est cassé la jambe.

7. Vous _____ parti quand?

8. Tu _____ lu combien de livres hier après-midi?!

Reading Corner

6. *Le journal de Dominique*

Dominique always writes her diary before she goes to bed. Read this section and then answer the questions.

1. Qu'est-ce que Dominique a fait aujourd'hui?

----

2. Où est-ce que Dominique a vu Marc?

----

3. Qu'est-ce que Marc a dit?

----

4. Où est-ce que Dominique est allée?

----

5. A qui Dominique a-t-elle téléphoné?

----

6. Qui a téléphoné à Dominique le soir?

Samedi

Je me suis disputée avec Marc aujourd'hui. Maman m'a téléphoné, donc je suis partie un peu tard pour mon rendez-vous avec Marc. Et puis je l'ai vu, dans la rue du Pont avec une autre femme. Elle était très jolie. Elle m'a vue, et puis Marc m'a vue. Mais il n'a rien dit et je me suis fâchée. Je suis rentrée chez moi. J'ai téléphoné à Maman, et lui ai raconté l'histoire. Le soir Marc m'a téléphoné, et nous nous sommes disputés. Je ne l'aime plus – et je le lui ai dit. Ça l'a surpris! Au revoir Marc!

Write Here

7. Qu'est-ce qu'ils ont fait?

These people all wrote memos to remind themselves of various appointments they had on the weekend. Make questions and answers like the one in the example about what they did.

Example:

6 DIM
8h30 tennis

Pascale

Q. Qu'est-ce que Pascale a fait le dimanche matin?

A. Elle a joué au tennis.

1. Q. _____
   A. _____

2. Q. _____
   A. _____

3. Q. _____
   A. _____

4. Q. _____
   A. _____

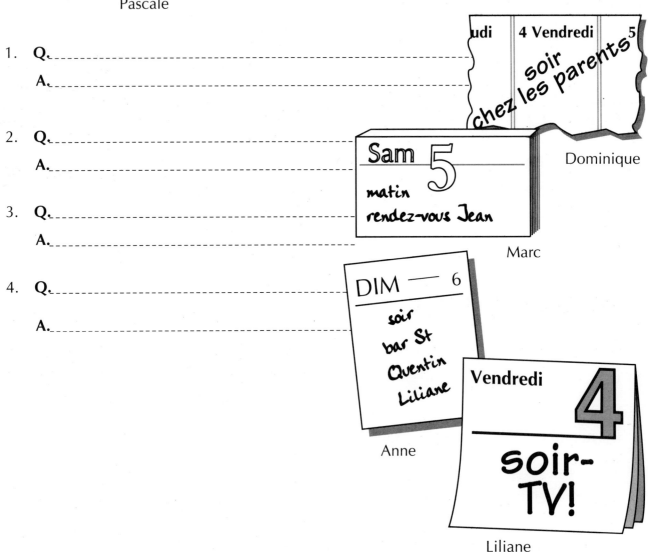

...udi 4 Vendredi 5
soir chez les parents

Dominique

Sam 5
matin
rendez-vous Jean

Marc

DIM — 6
soir
bar St
Quentin
Liliane

Anne

Vendredi 4
soir-
TV!

Liliane

UNIT 9: We went camping.

In Unit 9 there is more practice talking about the past, and you will learn about transportation, vacations, and saying what year it is.

Match Game

1. Full answers

Match the questions to the answers.

1. Tu as aimé la Belgique?
2. Vos parents sont allés en Suisse par le train?
3. Il a pris son vélo avec lui?
4. Elles sont parties avec leurs livres de travail?
5. Tu as téléphoné à ta copine pendant ton séjour?
6. Vos enfants ont aimé le ski?

( ) a. Non, ils y sont allés en avion.
( ) b. Heureusement, ils l'ont bien aimé.
( ) c. Non, elles les ont laissés chez elles.
( ) d. Bien sûr, je lui ai téléphoné chaque jour.
( ) e. Oui, il l'a pris avec lui dans le train.
( ) f. Oui, je l'ai bien aimée.

Talking Point

2. *L'hôtel ou la tente?*

Marc has been looking at brochures for his vacation. In his conversation with Serge, fill in the blanks with the correct form of the verb (not forgetting to shorten *je* to *j'*, etc. if necessary).

Serge: Ce sont des dépliants touristiques?

Marc: Oui, pour mes vacances d'été. L'année dernière je (aller) _____ en Turquie, et je (très bien s'amuser) _____.

Serge: Tu y (aller) _____ en avion?

Marc: Bien sûr.

Serge: Et tu (trouver) _____ un bon hôtel?

Marc: Oui, je (avoir) _____ de la chance. Le chauffeur du taxi qui me (emmener) _____ de l'aéroport me (montrer) _____ un bon hôtel.

Serge:	Tu (ne pas faire) _____ de réservation?
Marc:	Non – je ne fais jamais de réservation. Et toi, qu'est-ce que tu (faire) _____ l'année dernière?
Serge:	Tu (oublier) _____ déjà? Je (partir) _____ en Espagne.
Marc:	Ah oui, je me souviens. Tu (se casser) _____ la jambe!
Serge:	Oui, je (tomber) _____ dans un terrier de lapin. Oh que je (se faire) _____ mal! Mais l'Espagne est vachement belle. Et j'adore le camping.
Marc:	Mais c'est parce que tu (aller) _____ faire du camping que tu (se blesser) _____!
Serge:	Et toi, tu (ne pas être) _____ un tout petit peu malade en Turquie? Tu (avoir) _____ mal à l'estomac parce que tu avais trop bu!

Word Power

3. Des années et des années

Write the years out in words, as in the example.

Example: 1969   _mille neuf cent soixante-neuf_ _____

1. 1979 _____

2. 1985 _____

3. 1999 _____

4. 1830 _____

5. 2000 _____

6. 1914 _____

4. Comment vous y êtes arrivés?

Rearrange these words to find different ways of travelling. Then choose the appropriate word(s) from the box to translate "by" or "on".

Example: ixta   _en taxi_ _____

1. ttbliyccee _____

2. diep _____

3. turiove _____

4. nirta _____

5. lhvcae _____

6. nvoia _____

à
en
à
à
en
par le

Language Focus

5. Past tense verbs

Fill in the past or present forms of the verbs.

Present	Past
je viens	je suis venu
je me lave	
je prends	
	j'ai eu
je crois	
je m'assieds	
	j'ai lu

Present	Past
je conduis	
	j'ai pu
je suis	
	je suis sorti
j'achète	
	j'ai bu
je reviens	

6. Pronouns

Rewrite these sentences, replacing all words in parentheses with suitable pronouns from the box.

Example: Je donne (le livre) à (Louis). ___Je le lui donne.___ _____

en	le	lui	le	leur	y	nous	y	leur	les	le

1. Il enseigne (le français) (à ses enfants). _____

2. J'ai acheté (ce chou) (au fermier). _____

3. Ils sont allés (au cinéma) hier soir. _____

4. Mon père a mis beaucoup de temps
   (à apprendre l'anglais). _____

5. Sylvie a préparé beaucoup
   (de choses à manger). _____

6. Pierre, mon petit, tu donnes (le couteau)
   (à Papa et moi), oui? _____

7. Il montre (ses photos) (à ses copains). _____

Reading Corner

7. All about Pascale Villier

Read the information about Pascale Villier and then write questions to go with the answers below.

Pascale Villier est née en Algérie en 1944, d'une mère professeur et d'un père ingénieur. La famille est venue en France en 1954. Ses parents ont acheté une maison à Paris.

Pascale est allée à l'université de Lille et a étudié les sciences économiques. Elle a été une bonne étudiante, et s'est bien amusée aussi. Elle aimait voyager, et elle est partie en Europe, en Afrique et en Asie en autobus et par le train.

Après ses études, elle est allée à Lyon, où elle a rencontré Philippe. Ils se sont mariés en 1969.

1. **Q:** _____ **A:** En 1944.

2. **Q:** _____ **A:** En 1954.

3. **Q:** _____ **A:** A Paris.

4. **Q:** _____ **A:** L'université de Lille.

5. **Q:** _____ **A:** Les sciences économiques.

6. **Q:** _____ **A:** En 1969.

Write Here

8. Checklist

Pascale and the family are going camping this weekend. Make questions and answers about the things she did and didn't do on her list.

Example: Est-ce qu'elle a vérifié l'huile et l'eau dans la voiture?

Oui, elle les a vérifiées.

1. **Q:** _____

   A: _____

2. **Q:** _____

   A: _____

3. **Q:** _____

   A: _____

4. **Q:** _____

   A: _____

Vérifier l'huile et l'eau dans la voiture ✓
Téléphoner au camping ✓
Acheter des provisions ✓
Aller à la banque ✗
Vérifier la tente ✓

UNIT 10: Are you ready to order?

In Unit 10 you will find practice with ordering and shopping for food, and learn about weights and measures.

Match Game

1. Au restaurant

Match the questions with appropriate responses.

1. Vous voulez quelque chose à boire?
2. Un hors-d'oeuvre ou une salade niçoise?
3. Tu veux un café?
4. On boit du rouge ou du blanc?
5. Vous êtes prêts à passer votre commande?
6. Vous mangez de la viande?

( ) a. Du blanc, je pense.
( ) b. Merci, non.
( ) c. Oui, le menu à cent francs, s'il vous plaît.
( ) d. Non, je suis végétarienne.
( ) e. La salade, s'il vous plaît.
( ) f. Oui, un Kir, s'il vous plaît.

Talking Point

2. Qu'est-ce que vous désirez?

Dominique still doesn't want to talk to Marc, but after two days, he invites her to lunch for a talk. Put the conversation in the correct order.

Marc:	Qu'est-ce que tu vas prendre?
1. **Dominique:**	Okay. Un sandwich au poulet. Et un café.
2. **Dominique:**	J'ai pris leur soupe à la tomate la semaine dernière, et c'était horrible.
3. **Dominique:**	Je ne sais pas. Je n'ai pas tellement faim.
4. **Dominique:**	Et pour moi un sandwich au poulet.
5. **Marc:**	Des frites, s'il vous plaît.
6. **Marc:**	Oh. Eh bien, un sandwich peut-être?
7. **Marc:**	Oui. Pour moi une omelette au fromage, s'il vous plaît.
8. **Marc:**	Tu pourrais prendre la soupe. La soupe à la tomate est bonne ici.

9. **Marc:**	Oui, s'il vous plaît. Un café et un jus d'orange.
10. **Garçon:**	Avec une salade verte, ou avec des frites?
11. **Garçon:**	Vous voulez commander?
12. **Garçon:**	Une omelette au fromage avec des frites, et un sandwich au poulet. Vous voulez boire quelque chose?

Word Power

3. Fruits, légumes, ou viandes?

List the following foods under the appropriate heading:

du poulet, une laitue, une pomme, du bœuf, une banane, une poire, une pomme de terre, du jambon, des petits pois, un citron, des haricots, des carottes, du porc, un oignon, une côtelette, du saucisson, une orange, du veau, une fraise, un poivron rouge, une framboise, des cuisses de grenouille, un ananas, un poireau.

FRUITS	**LÉGUMES**	**VIANDES**

4. Liste de provisions

Look at the shopping list and write out the items and amounts in full.

Example: 2kg pommes de terre   *deux kilos de pommes de terre*

1. 250 g tomates _____

2. 1/2kg courgettes _____

3. 1 l huile d'olive _____

4. 2 bouteilles vin rouge _____

5. 1 paquet spaghettis _____

6. 6 oranges _____

7. 350 g bifteck haché _____

Language Focus

5. Countable or uncountable?

Write *un* or *une* before the items which are usually countable, and *du, de la, des* before those which are usually uncountable.

1. _____ vin rouge
2. _____ verre de vin
3. _____ beurre
4. _____ œuf
5. _____ soupe
6. _____ légumes
7. _____ pomme
8. _____ veau
9. _____ spaghettis
10. _____ fromage

6. *de, du* or *des?*

Fill in the blanks with *de, du* or *des.*

1. Une carafe _____ vin _____ pays, s'il vous plaît.

2. Nous n'avons que _____ bouteilles _____ vin, Monsieur.

3. _____ œufs sur le plat, pour moi, Maman.

4. Vous avez _____ fromages italiens?

5. Non, monsieur. On ne vend jamais _____ fromages italiens ici.

6. Tu peux m'acheter _____ pain au supermarché, Yves?

Reading Corner

7. *La lettre de Pascale*

Pascale is writing a letter to her mother, and telling her about the argument she had with her husband Philippe yesterday. Make questions from the words supplied, and then give short answers.

Philippe et moi nous sommes disputés hier – à propos de la nourriture. Il mange trop et ne prend jamais d'exercice. Il est vraiment gros! Il mange des croissants et des céréales – avec beaucoup de sucre – pour son petit déjeuner, et d'habitude un hamburger ou une pizza pour son déjeuner. Je lui achète des yaourts et des fruits – puis j'ouvre le frigo et il est plein de bouteilles de bière, de hamburgers, et de pizzas! Il aime le tennis et la natation et le football – mais seulement à la télévision. Et il va avoir cinquante ans l'année prochaine. Qu'est-ce que je peux faire?

1. hier/qui/est/disputé/s' ?

   Q: _____ **A:** _____

2. Philippe/l'exercice/prend/est-ce/de/que?

   Q: _____ **A:** _____

3. déjeuner/beaucoup/-t-/au/mange/il/petit?

   Q: _____ **A:** _____

4. la/hamburgers/achète/bière/de/des/qui/et?

   Q: _____ **A:** _____

5. tennis/-t-/joue/au/il/souvent?

   Q: _____ **A:** _____

Write Here

8. *Le petit déjeuner et le déjeuner*

Make sentences about what Marc, Dominique, Philippe and Pascale usually eat for breakfast and lunch, as in the example.

	Petit déjeuner	**Déjeuner**
Marc	céréales, café	soupe ou omelette
Dominique	yaourt, jus de fruit	sandwich
Philippe	pain, croissants, céréales chocolat (à boire)	hamburger ou pizza
Pascale	pain, café	fromage, pomme

Example: D'habitude, Marc prend des céréales et du café pour son petit déjeuner. Pour son déjeuner il prend d'habitude de la soupe ou une omelette.

1. Dominique _____

_____

2. Philippe _____

_____

3. Pascale _____

_____

44

UNIT 11: Can you speak English?

Unit 11 is about things you can and can't do, and about jobs. There is also practice with asking and giving reasons.

Match Game

1. Verbs

Match each verb to the most appropriate phrase.

1. conduire	( ) a. cheval
2. parler	( ) b. une omelette
3. utiliser	( ) c. une chanson
4. jouer de	( ) d. un camion
5. faire	( ) e. la guitare
6. monter à	( ) f. une lettre
7. chanter	( ) g. l'allemand et l'anglais
8. écrire	( ) h. un ordinateur

Talking Point

2. Oui, je sais...

Dominique wants to get away from Lyon so today she's gone for a job interview with a tour company. Fill in the blanks with the appropriate verb from the box, in the correct form.

conduire   commencer   utiliser   conduire   travailler   parler
écrire   apprendre   taper   conduire   parler

Dominique: Je sais _____ à la machine, et je sais _____ un ordinateur.

Mme Duval: Nous n'en avons pas besoin. Nous avons beaucoup de secrétaires. _____ -vous des langues étrangères?

Dominique: Oui, je _____ l'anglais et l'allemand, et un peu l'espagnol.

Mme Duval: C'est bien. Vous les _____ aussi?

Dominique: Oui.

Mme Duval: Et savez-vous _____ ? Savez-vous _____ un car?

Dominique: Un car! Non, je sais _____ une voiture, mais pas un car.

Mme Duval: Ne vous inquiétez pas. Ce n'est pas difficile à _____ Vous aimez la chaleur?

Dominique: Oui – je suis née à la Martinique – j'adore la chaleur!

Mme Duval: Très bien. Vous voulez un emploi?

Dominique: Comme secrétaire?

Mme Duval: Non - comme guide. Vous voulez _____ comme guide à la Martinique?

Dominique: Oui, quel rêve!

Mme Duval: Bien. Encore une chose – vous pouvez _____ demain?

Word Power

3. Les emplois

Match the questions to the responses using the phrases in the box.

cuisiner
taper à la machine
dessiner
conduire
chanter
parler japonais
jouer du piano

1. **Vous savez jouer du piano?**   Oui, je suis pianiste!

2. _____ Oui, je suis artiste!

3. _____ Oui, je suis professeur de japonais!

4. _____ Oui, je suis secrétaire!

5. _____ Oui, je suis chef de cuisine!

6 _____ Oui, je suis conducteur d'autobus!

7 _____ Oui, je suis chanteuse d'opéra!

4. Encore des emplois

See how many jobs you can find in the word square.

C	Z	R	I	P	F	A	C	T	E	U	R
O	U	V	R	I	E	R	E	U	R	O	D
M	O	N	O	L	A	S	B	R	E	L	O
P	H	O	T	O	G	R	A	P	H	E	C
T	I	T	O	T	E	F	L	O	D	S	T
A	Y	A	D	E	N	T	I	S	T	E	E
B	P	I	G	B	T	M	E	U	L	I	U
L	O	R	B	O	U	L	A	N	G	E	R
E	T	E	C	H	N	I	C	I	E	N	V

Language Focus

5. *Qui* and *que*

Fill the blanks with *qui* or *que (qu')*.

1. _____ est venu hier?

2. Tiens, c'est l'agent _____ m'a parlé la semaine dernière.

3. Où est le livre _____ j'ai mis sur la table?

4. _____ font-ils?

5. Regarde-là - ce sont les hommes _____ étaient au club hier soir!

6. Regarde-là - ce sont les femmes _____ nous avons vues au club hier soir!

6. *Je sais, je peux, je connais*

Fill the blanks with the correct form of *savoir, pouvoir* or *connaître*.

1. On cherche un surveillant de plage. Vous _____ nager?

2. Qui c'est? Tu le _____?

3. On va à la piscine – tu _____ venir?

4. Il faut tourner à droite au musée archéologique. Vous le _____?

5. Je _____ jouer de la guitare, mais je ne _____ pas aujourd'hui - je me suis
   cassé le doigt!

6. Nous ne _____ pas cette chanson – vous _____ l'identifier?

Reading Corner

7. *Le petit mot de Dominique*

Read Dominique's note to Marc and then answer
the questions below, beginning each one with
parce que.

1. Pourquoi est-ce qu'elle ne peut pas voir

   Marc demain midi? _____

   _____

2. Pourquoi est-ce qu'elle ne peut pas le voir

   la semaine qui suit? _____

   _____

Je suis désolée, mais je ne peux pas te voir demain midi - j'ai un nouvel emploi! En fait, je ne vais pas pouvoir te voir, ni cette semaine, ni la semaine qui suit - je suis tellement occupée. Je t'ai téléphoné hier soir, mais tu n'étais pas chez toi. Tu étais au bar? Ou avec cette touriste étrangère? Ça ne me fait rien maintenant. Je n'aime plus Lyon - il fait trop froid et il pleut trop ici. La semaine prochaine - la Martinique! J'adore la Martinique - il fait beau tout le temps là-bas. Au revoir Lyon, et au revoir Marc.
Dominique

3. Pourquoi est-ce qu'elle n'aime plus Lyon? _____

_____

4. Pourquoi est-ce qu'elle aime la Martinique? _____

_____

Write Here

8. *Que savent-ils faire?*

Write questions and answers about what Pascale and Philippe, and their friends Jacques and Claudine can and can't do.

	jouer au tennis	parler espagnol	faire du ski
Pascale	pas très bien	pas du tout	oui, un peu
Philippe	pas très bien	oui, très bien	oui, très bien
Jacques	oui, très bien	pas vraiment	pas du tout
Claudine	pas du tout	oui, un peu	pas du tout

Example: Pascale/jouer au tennis

Est-ce que Pascale sait jouer au tennis? Oui, mais elle n'y joue pas très bien.

1. Philippe/parler espagnol _____

2. Jacques/parler espagnol _____

3. Pascale/faire du ski _____

4. Jacques et Claudine/faire du ski _____

5. Jacques/jouer au tennis _____

6. Claudine/parler espagnol _____

Unit 12: Review.

In Unit 12 there is a chance to review the work you did in Units 1 to 11.

1. Match Game

Match the sentences which have a similar meaning.

1. Je suis mariée.
2. Je suis végétarien.
3. J'habite à Lyon.
4. Tu veux quelque chose à manger?
5. Le ski n'est pas facile.
6. J'ai acheté des provisions hier soir.
7. Ils ont deux enfants.
8. Tu l'as appelé hier soir?

( ) a. Tu as faim?
( ) b. Hier, je suis allé au supermarché à 18h00.
( ) c. Le ski est difficile.
( ) d. Tu as parlé avec lui hier soir?
( ) e. Ils ont un fils et une fille.
( ) f. Je ne suis pas célibataire.
( ) g. Mon adresse est No 2, Bâtiment E, La Chaume, Lyon.
( ) h. Je ne mange pas de viande.

2. A, B ou C?

Choose which of the answers is correct.

1. Comment allez-vous?

    a. Ça va, et toi?

    b. Merci.

    c. Très bien, merci.

2. Vous voulez quelque chose à boire?

    a. Non, merci.

    b. J'ai soif.

    c. J'aime le café.

3. Y a-t-il des magasins près de ton bureau?

    a. Non, il n'en a pas.

    b. Oui, il y en a.

    c. Oui, ils sont près.

4. Vous aimez votre nouveau patron?

    a. Il m'aime.

    b. On les aime beaucoup.

    c. Oui, il est gentil.

5. Elle coûte combien, cette chemise verte?

    a. Mais non, c'est une chemise rouge.

    b. Elle fait 150F.

    c. Il y en a trois.

6. La poste est loin d'ici?

    a. Non, elle est assez loin.

    b. Elle est à gauche.

    c. Non, elle est tout près.

3. *Les numéros*

Write these numbers in words.

1. 1er   _____   5. 89   _____

2. 35F50   _____   6. 271   _____

3. 16   _____   7. 9ème   _____

4. 1500   _____   8. 21   _____

4. Opposites

What are the opposites of these words or phrases?

1. chaud   _____   7. j'aime   _____

2. toujours   _____   8. oncle   _____

3. mauvais   _____   9. bonjour   _____

4. bien   _____   10. demain   _____

5. noir   _____   11. je finis   _____

6. difficile _____   12. il est mort _____

5. Questions

Make questions for these answers.

1. _____Ils coûtent 10 Francs la pièce.

2. _____Je l'ai achetée hier.

3. _____Il ferme à 17h30.

4. _____Rouge.

5. _____Elle a dix ans.

6. Past tense

What is the past tense of these verbs?

1. j'ai   _____   6. je viens   _____

2. tu vas   _____   7. vous buvez   _____

3. nous sommes   _____   8. ils jouent   _____

4. il lit   _____   9. elle meurt   _____

5. elle se lave   _____   10. je reviens   _____

7. Negatives

Make these sentences negative.

Example: J'ai écrit une lettre à ma mère. *Je n'ai pas écrit de lettre à ma mère.*

1. Nous sommes allés voir un film hier.
   _____

2. Cette maison a un jardin énorme.
   _____

3. Il a toujours aimé le vert.
   _____

4. Il est toujours là?
   _____

5. Il y a tout ce qu'il faut dans le placard.
   _____

6. Y a-t-il du vin rouge dans la cave?
   _____

8. Mixed-up sentences

Rearrange the words to make sentences.

1. fait pointure il quelle ?

   Il _____

2. visite tu revenir nous vas rendre ?

   Tu _____

3. sais peux je nager pas je ne mais aujourd'hui .

   Je _____

4. est-ce ils pas pas de eu chance n' ont n' ?

   Ils _____

5. téléphones que tu qui à ? est-ce

   A qui _____

6. vin whisky bières de des du pas j'ai je ai et mais n' .

   J'ai _____

9. *Trouvez l'erreur*

Each sentence has one mistake. Rewrite the sentences correctly.

Example: Je lui ai vu ce matin. *Je l'ai vu ce matin.*

1. Le Président vit à la Maison Blanc.
   _____

2. Voici l'agent que m'a parlé hier.
   _____

3. D'habitude je prends des café le matin.
   _____

4. Oui, je le sais bien – c'est mon père.
   _____

5. Nous avons parties en Italie l'été dernier. _____

6. Demain, il a appris à conduire un camion. _____

10. Pronouns

Rewrite these sentences replacing all the words in parentheses with pronouns (remembering to ensure that past participles agree where necessary).

1. Je ne suis jamais allé (en Angleterre). _____

2. Ils ont offert (un nouvel emploi à Dominique). _____

3. Les chiens aiment (Claudine), mais elle
   n'aime pas (les chiens). _____

4. Donnez ce livre (à Michel). _____

5. Tu vas dire (à Maman ce que tu penses)? _____

11. Crossword

Use the clues to fill in the crossword.

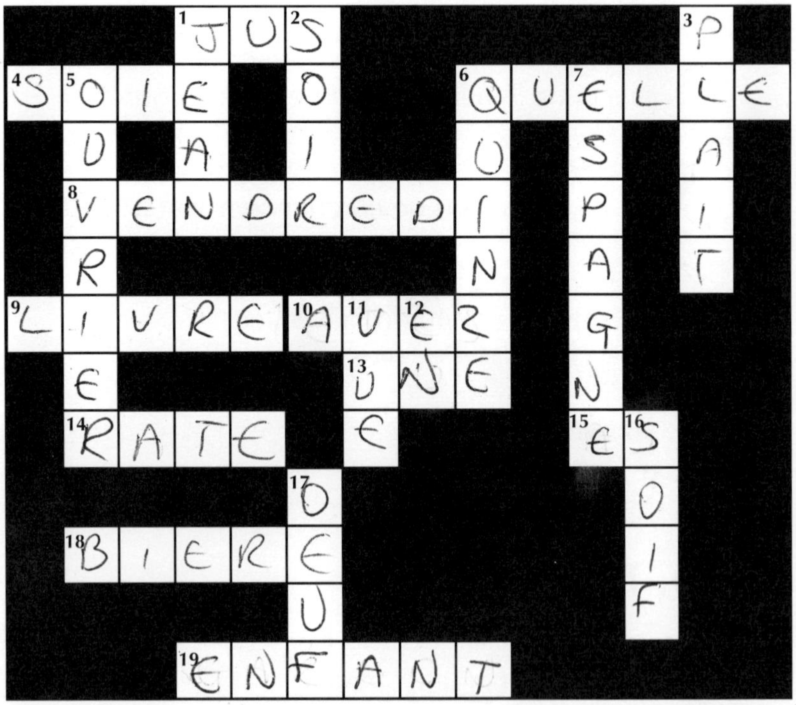

Across
1. une boisson: un _____ de fruit
4. une chemise dans ce tissu coûte cher
6. _____ heure est-il?
8. le jour qui suit jeudi
9. ce qu'on lit
10. vous _____ quel âge?
13. un ou _____?
14. j'ai vu Marc ce matin – et je l'ai
    _____ ce soir
15. tu _____ tombé par terre
18. Philippe aime cette boisson
19. une jeune personne

Down
1. une sorte de pantalon
2. à partir de 18h00 c'est le _____
3. s'il vous _____
5. un homme qui travaille dans une usine
6. 15
7. le pays où vivent les Espagnols
11. Tu as vu Pascale? Oui, je l'ai _____
12. Marc est allé _____ Turquie
16. quand on veut quelque chose à boire, on a _____
17. il faut un _____ pour faire une omelette

Crossword grid (filled):
1 JUS
2 SO
3 P
4 SOIE / O / QUELLE
DU / AI / U / SA
8 VENDREDI / R / SP / AI
R / NA / T
9 LIVRE / 10 AVEZ / G
E / 13 UNE / N
14 RATE / E / 15 ES
17 O / O
18 BIERE / I
U / F
19 ENFANT

UNIT 13: What does she look like?

Unit 13 is about describing people and comparing things. There is also practice with another way of talking about the past.

Match Game

1. C'est qui?

Match the words to the appropriate picture.

1. grand
2. gros
3. cheveux foncés
4. blonde
5. fort
6. vieille
7. content
8. mince

a

b

c

f

g

e

d

h

Talking Point

2. Comment est-il?

Read the conversation between Pascale and her husband Philippe, and then say if the statements below are true or false.

Philippe: J'ai vu ton nouveau journaliste au bar hier soir. Il était un peu ivre.

Pascale: Vraiment? Qui ça?

Philippe: Je ne connais pas son nom. Je l'ai vu à ta fête pour les gens de ton bureau la semaine dernière.

Pascale: Comment est-il?

Philippe: Grand et mince. Il a des cheveux longs et noirs. Il a une trentaine d'années. La semaine dernière il portait une cravate très vive.

Pascale: C'est Marc Seguin. Il a un grand nez, mais il est quand même assez beau. C'est lui?

Philippe: Oui, c'est lui. Il n'était pas très content hier soir. Et il a beaucoup bu.

Pascale: C'est parce que sa copine a trouvé un nouvel emploi – elle est allée à la Martinique comme guide touristique.

Philippe: Cette jeune femme très attirante? Aux cheveux courts? Elle porte toujours de grandes boucles d'oreille?

Pascale: Oui, c'est elle. Pourquoi? Tu la connais?

1. Marc était au bar hier soir. *Vrai ou faux?*

2. Philippe était à la fête de Pascale hier soir. *Vrai ou faux?*

3. Marc a les cheveux noirs. *Vrai ou faux?*

4. Marc est gros. *Vrai ou faux?*

5. Marc a beaucoup bu hier soir parce qu'il était content. *Vrai ou faux?*

6. La copine de Marc aime les grandes boucles d'oreille. *Vrai ou faux?*

Word Power

3. Parts of the body

Can you name these parts of the body?

1. _ _ _ _ _ _ _ _ _ _

2. _ _ _ _ _ _ _ _ _ _

3. _ _ _ _ _ _ _ _ _ _

4. _ _ _ _ _ _ _ _ _ _

5. _ _ _ _ _ _ _ _ _ _

6. _ _ _ _ _ _ _ _ _ _

7. _ _ _ _ _ _ _ _ _ _

8. _ _ _ _ _ _ _ _ _ _

Language Focus

4. Adjectives, comparatives and superlatives

Fill in the appropriate forms of the words in the chart.

Masculine singular	Masculine singular before vowel	Masculine plural	Feminine singular	Comparative	Superlative
petit	petit	petits	petite	plus petit	le plus petit
content					
vieux					
beau					
bon					
long					
gros					
blanc					
vif					
heureux					
doux					
nouveau					
loyal					

5. *Il avait mal à la tête, mais il a souri*

Decide whether each of the verbs in parentheses should be in the perfect tense (e.g. *je suis allé*) or the imperfect (*j'allais*) and fill in the blank with the correct form.

1. Je ne (savoir) _____ que faire, donc je (partir) _____

2. Ma mère n' (aimer) _____ pas Jean-Yves, mais elle (être) _____ toujours très gentille avec lui.

3. Ils (manger) _____ et puis ils (sortir) _____

4. Avant de me marier je (s'appeler) _____ Martine Legrand.

5. Je ne le (connaître) _____ pas quand je (être) _____ jeune.

6. Je (devoir) _____ le perdre quand je (sortir) _____ mes gants de mon sac.

Reading Corner

6. Blind date

Marc's friend Bernard has arranged a blind date for him with another friend, Marie-France. Below is the note that Marc wrote Marie-France, arranging when and where to meet. Fill in the blanks with one of the words from the box.

aussi
yeux
que
assez
même
longs
plutôt
porte
porter

Salut! Est-ce qu'on peut se rencontrer vendredi? Si on allait au bar du Centre, à 19h30? Je ne suis pas _ _ _ _ grand et mince _ _ _ _ _ Bernard, mais je suis quand même _ _ _ _ _ grand – et je suis _ _ _ _ _ beau! J'ai des cheveux _ _ _ _ _ et noirs, et des _ _ _ _ _ bruns. Je _ _ _ _ _ toujours un jean et un blouson noir en cuir. Je vais _ _ _ _ _ un T-shirt vert et bleu – le _ _ _ _ que porte Bernard.

A vendredi.

Marc

Write Here

7. Répondez aux questions

Answer the questions below with full sentences, as in the example.

Example: Qui pèse le moins?

Nicole pèse le moins.

	Christian	Gérard	Nicole
Age	27	34	31
Taille	189 cm	184 cm	178 cm
Poids	74 kg	92 kg	61 kg
Cheveux	noirs, longs	noirs, courts	blonds, longs

1. Qui pèse le plus?

2. Qui est le plus âgé?

3. Qui est le plus jeune?

4. Qui est le plus grand?

5. Qui est plus jeune que Nicole?

6. Qui sont moins grands que Christian?

7. Qui a les cheveux plus foncés que Nicole?

8. Qui a les cheveux les plus courts?

UNIT 14: I'm having a great time!

In this unit you will find practice talking about the past, present and future, talking about the weather, and using *si*.

Match Game

1. *Le temps*

Match the sentence halves, joining them with *donc*.

1. Il neige aujourd'hui	donc	( )	a.	nous allons faire de la voile.
2. Le soleil brille	donc	( )	b.	il ne sortira pas sa voiture.
3. Il fera du brouillard ce soir	donc	( )	c.	tu dois porter tes gants et ton chapeau.
4. Il fait du vent	donc	( )	d.	les enfants nagent dans la mer.
5. Il fait très chaud aujourd'hui	donc	( )	e.	nous portons nos lunettes de soleil.

Talking Point

2. *Des vieux amis*

In Martinique, Dominique calls some friends, Pierre and Gisèle. Fill in the blanks in their conversation with verbs from the box, putting them into the appropriate form.

Dominique:	Allô? Pierre? Ici Dominique Godard.
Pierre:	Dominique! Mais où es-tu? Que _____-tu? Tu _____ de France?
Dominique:	Non, je suis ici à la Martinique. J'ai un nouvel emploi comme guide touristique.
Pierre:	Tu _____ ici?
Dominique:	Non, je _____ en France la semaine prochaine.
Pierre:	Quand est-ce que tu _____

être   arriver
venir   travailler
faire   rentrer
être   faire
s'endormir
appeler   habiter
téléphoner   faire

Dominique: Vendredi. Je ne _____ pas avant parce que je _____ tellement occupée. Je _____ jour et nuit pendant trois jours, et puis je _____

Pierre: Mais tu _____ contente?

Dominique: Vachement. Et que _____-vous tous les deux ce soir?

Pierre: Rien. _____ chez nous - je te _____ un repas martiniquais magnifique!

Word Power

3. Find the country

Where does Pascale want to go on vacation this year? Fill in the clues to find the answer.

1. Gandhi était un homme politique ici.

2. Le pays qui se trouve à côté de l'Espagne.

3. On parle français dans ce pays nord-africain.

4. Où habite la reine Elizabeth.

5. Pays méditerranéen qui est très populaire comme destination touristique.

6. Entre l'est et l'ouest, Istamboul se trouve dans ce pays.

7. Autre pays nord-africain, à côté de l'Algérie.

8. Les Romains vivaient ici.

9. Pays de l'Amérique du Sud, où on parle le portugais.

1	I	N	D	**E**				
2	P	O	R	T	U	G	A	L
		3	M	O	R	O	C	
4	A	N	G	L	E	T	E	R	R	E
			5	E	S	P	A	G	N	E
			6	T	U	R	O	U	I	E
	7	T	U	N	I	S	I	E
8	I	T	A	L	I	E	
9	B	R	E	S	I	C	

Language Focus

4. *Si*

Put the verbs in the right tense. Use the future tense (*donnerai* not *vais donner*) where appropriate.

1. S'il (pleuvoir) _____ demain, on ne pourra pas nager.

2. Je ne sais pas si elle (venir) _____ ce soir.

3. Maman ne savait pas si elle (avoir) _____ la clé de la maison.

4. Si tu l' (oublier) _____ nous (avoir) _____ très faim.

5. On part la semaine prochaine? Même s'il (faire) _____ du vent?

5. Future

Fill in the gaps in the table with the correct form of the future tense for these verbs.

Present	Future
je porte	je porterai
tu viens	
nous allons	
il est	
ils ont	
vous conduisez	
j'écris	
il faut	
ils peuvent	

Reading Corner

6. *La carte postale de Dominique*

Dominique has written a postcard. Make questions about it to go with the answers below.

Example: Q: *Où est-ce qu'elle est assise?*

A: Au bord de la mer.

1. **Q:** _____

   A: Il fait du soleil.

2. **Q:** _____

   A: Mais si, elle l'aime bien là-bas.

3. **Q:** _____

   A: Cinquante.

4. **Q:** _____

   A: Ils y achèteront leurs souvenirs.

5. **Q:** _____

   A: Elle travaille comme chef de ventes.

6. **Q:** _____

   A: Pierre va le préparer.

Chers Maman et Papa,
Le soleil brille, je suis assise au bord de la mer, et je suis en train de travailler! Mais d'habitude ce n'est pas si facile – il y a toujours quelqu'un qui a besoin de moi. Hier, cinquante nouveaux touristes sont arrivés, et il n'y a que moi pour m'occuper d'eux! Demain nous irons en ville – les touristes y achèteront leurs souvenirs. Le soir je ne travaillerai pas – j'irai voir Pierre et Gisèle. Gisèle travaille comme chef des ventes et Pierre reste à la maison pour garder les enfants. C'est lui qui va préparer le repas demain soir!

Write Here

7. Dominique's instructions

Dominique has prepared notes for her tourists. Read the notes and rearrange the sentences below.

Bienvenus à la Martinique!
J'espère que vous passerez un bon séjour sur cette île magnifique.
- Il faut déposer tous les objets de valeur dans le coffre-fort de l'hôtel.
- Vous ne devez jamais laisser ouverte la porte de votre chambre si vous n'y êtes pas.
- Le petit déjeuner est servi de 7h00 à 9h00 et le dîner de 19h00 à 22h00.
- Les excursions auront lieu le lundi et le jeudi. Il faut être prêt à prendre le car à 8h00.
- Pour l'excursion du lundi (en montagne) il vous faudra des chaussures de marche.
- Si vous avez des questions, je serai dans mon bureau de 8h00 à 11h00 et de 17h00 à 19h00, sauf le lundi et le jeudi.

Example: tous objets coffre-fort valeur le de les dois tu déposer dans

Tu dois déposer tous les objets de valeur dans le coffre-fort.

1. 8h00 partira à car le

----

2. chaussures apporter dois tes de tu montagne lundi

----

3. laisser la chambre ne tu jamais dois tu porte de la ouverte es si sortie

----

4. petit déjeuner sert à 9h00 on le de 7h00

UNIT 15: Are you doing anything on Saturday?

Unit 15 is about giving invitations, making plans and suggestions, and the names of the months.

Match Game

1. *Les invitations*

Match the invitations or comments on the left with a suitable response from the right.

1. Tu voudrais aller au théâtre samedi soir?
2. Tu seras libre ce soir?
3. Si on regardait ce film à la télévision ce soir?
4. Si on se retrouvait devant la gare à 19h30?
5. Que fais-tu dimanche?
6. Je t'invite chez moi pour célébrer mon anniversaire.

( ) a. Je joue au tennis.
( ) b. Super! C'est quel jour?
( ) c. J'aimerais bien. On joue quelle pièce en ce moment?
( ) d. Bonne idée.
( ) e. Bien. A tout à l'heure, alors.
( ) f. Pourquoi, tu as fait des projets?

Talking Point

2. *L'anniversaire*

Fill in the blanks with an appropriate phrase.

Florence: Allô? Philippe? Ici Florence. Est-ce que Pascale est là?

Philippe: Salut Florence. Oui. _____ , elle est dans le jardin. (Il crie.) Pascale! C'est Florence _____ ! Elle est en route, Florence.

Florence: Merci ... Pascale, salut! _____. Tu es occupée?

se retrouve
à l'appareil
qu'est-ce qu'il y a?
ça va
voudriez venir
je m'excuse de te déranger
tant pis
ne quitte pas

Pascale: Non, _____. Je faisais un peu de jardinage. _____ ?

Florence: Vous êtes libres le 2 juin? Ce sera l'anniversaire de Jean, et nous irons au restaurant avec des amis. Est-ce que Philippe et toi _____ ?

Pascale: Nous aimerions bien. Attends – je vérifie mon agenda. Oui, je suis libre. Oh, mais Philippe va à Grenoble pour une conférence ce jour-là. _____ – moi je peux venir. Quand est-ce qu'on _____ ?

Florence: Chez nous, à 18h00 à peu près. Ça va?

Pascale: Oui, c'est bien. Je l'attends déjà avec impatience.

Word Power

3. Les mois

Write out the months in full from these abbreviations, and add the four remaining ones. Then number each one in order.

1. nov. _____
2. juil. _____
3. jan. _____
4. sep. _____
5. avr. _____
6. fév. _____

7. oct. _____
8. déc. _____
9. _____
10. _____
11. _____
12. _____

4. Si on allait à...

Below are some places or events to which you might receive an invitation. Rearrange the letters to find out what they are.

1. tcham _____
2. trconce _____
3. letbal _____

4. maéinc _____
5. qquueeiipn- _____
6. etrtéhâ _____

Language Focus

5. Tu veux...?

Change these suggestions using *si on...* to ones using *vouloir*.

Example: Si on jouait au tennis vendredi? *Tu veux jouer au tennis vendredi?*

1. Si on allait tous les trois voir un film mercredi? _____
2. Si on allait faire du ski cet après-midi? _____
3. Si on rendait visite à tes parents ce week-end? _____
4. Si on buvait encore un café? _____
5. Si on rentrait chez moi prendre un pot? _____

6. Je le ferais si j'avais plus d'argent

Fill the blanks by using the correct tense of the verbs.

Example: Je le (faire) *ferais* si j'avais plus d'argent.

1. Je (venir) _____ ce soir si j'avais une voiture.
2. Il (aller) _____ en ville le soir s'il n'avait pas toujours trop de choses à faire.
3. Nous l' (aimer) _____ plus, s'il ne nous détestait pas tant.
4. Si nous avions une maison plus grande, elle nous (rendre) _____ plus souvent visite.
5. S'il ne pleuvait pas tant, nous (sortir) _____ .
6. Vous (pouvoir) _____ apporter cette vidéo ce soir? Si je ne l'ai pas perdue, oui.

Reading Corner

7. Le barbecue

Dominique's friends Pierre and Gisèle are having a barbecue for her. Here is an invitation to some of their friends. Put the lines in the right order.

> *Cher Martin*
> 1. seront là, et Liliane et Arnaud viennent aussi – avec leurs
> 2. après-midi. Une amie nous rend visite de
> 3. elle. Il y aura plein de choses à manger et à boire, donc tu
> 4. de vous voir – à partir de 14h00 environ.
> 5. n'emmènes que la famille, et vos maillots de bain. Les Deroche
> 6. Salut! Ça va? Voici une invitation – à
> 7. la France, et nous faisons un barbecue pour
> 8. venir chez nous dimanche
> 9. trois chiens! Ce serait bien
> *Pierre et Gisele*

Write Here

8. Un match de tennis

Two friends are trying to arrange a game of tennis. Look at the calendar, and give questions to fit the answers, using *si on* or *tu voudrais*.

Example: *Si on jouait lundi soir?*

Je suis désolé, mais je vais au cinéma avec ma famille lundi.

MAI						
Lun	**Mar**	**Mer**	**Jeu**	**Ven**	**Sam**	**Dim**
3 18h30 au cinéma avec famille	4 10h00- chez le docteur 18h00 r. visit á maman	5 14h00 golf - Paul Soirée chez Pascale	6 Garder les enfants	7 peindre salle de bains	8 emmener enfants au théâtre des jeunes	9 Eglise Apres-midi chez maman

1. _____

   Je suis désolé, mais je vais rendre visite à ma mère.

2. _____

   Non – le 5 je joue au golf avec Paul.

3. _____

   Le jeudi je garde les enfants pendant toute la journée.

4. _____

   Désolé, mais je dois peindre la salle de bains ce jour-là.

5. _____

   J'emmène les enfants au théâtre des jeunes samedi matin.

6. _____

   Désolé, mais nous allons à l'église.

UNIT 16: Do you come here often?

In this unit you will find examples of small talk. There is also practice with expressing ownership, asking and giving permission, and saying how often you do something.

Match Game

1. Moi aussi...

Match the statements on the left with a response from the right.

1. J'adore le ballet.
2. Mon ordinateur ne marche plus.
3. Je n'aime pas ces jupes extra-courtes.
4. Celui-ci est cassé.
5. Elle est chère, cette chemise!
6. Nous venons d'acheter une nouvelle voiture.

( ) a. Celui-ci aussi.
( ) b. Moi aussi.
( ) c. Moi non plus.
( ) d. Celle-ci aussi!
( ) e. Nous aussi.
( ) f. Le mien non plus.

Talking Point

2. Small talk

Fill in the blanks with the appropriate form of *le mien*, etc.

le nôtre	la sienne	le mien	les tiens	la mienne	le vôtre	les miens

Marie-France: J'aime bien ce bar. Tu viens souvent ici?

Marc: Oui. Deux ou trois fois par semaine. Et toi, qu'aimes-tu faire de ton temps libre?

Marie-France: Je lis, je cuisine, je bavarde. La semaine dernière, je suis allée voir mes parents. Ils vivent en Saône-et-Loire. Et _____ où habitent-ils?

Marc: En Saône-et-Loire aussi, à Autun.

Marie-France: _____ habitent à dix kilomètres d'Autun. Quelle coïncidence!

Marc:	Comment tu es allée les voir – en bus?
Marie-France:	Non, en voiture – celle de mon frère. _____ est en panne, donc il m'a prêté _____.
Marc:	Il est gentil.
Marie-France:	Oui, je l'aime beaucoup. Nous partageons un appartement. Et toi, tu as un appartement?
Marc:	Oui, ici, dans ce quartier. Et _____ il est où?
Marie-France:	_____ n'est pas loin d'ici, dans la rue des Acacias. Je serais venue à pied ce soir mais j'ai perdu mon parapluie.
Marc:	Prends _____!

Word Power

3. Categories

Put these words into the appropriate categories.

un téléphone, un match de football, le français, un calendrier, la télévision, un appareil, des films, le ski, un ordinateur, le dessin, une pièce de théâtre, la guitare, une pendule, la photographie, écrire

1. A apprendre _____

2. A regarder _____

3. A utiliser _____

Language Focus

4. Possession

Complete these phrases by filling in the appropriate possessive pronouns from the box.

le leur	**le mien**	**la vôtre**	**les nôtres**	**la sienne**	**la leur**	**les miennes**

1. C'est sa casquette? Oui, c'est _____ , je la reconnais. (à Marc)

2. Vos parents habitent à Paris. _____ habitent ici à Lyon. (à nous)

3. Non, c'est cette maison-là qui est _____. (à Jean et Marie)

4. _____ ne marche plus, Monsieur? (voiture)

5. Ses filles sont toujours charmantes. _____ ne le sont pas! (à moi)

6. Elles ont pris _____ (mon ordinateur) - _____ (à eux) est encore en panne.

5. *Est-ce que je peux?*

Ask somebody's permission to do something, as in the example.

Example: Vous voulez vous servir de son téléphone.

Est-ce que je peux me servir de votre téléphone? _____

1. Vous voulez écouter la radio. _____

2. Vous voulez lui téléphoner au bureau. _____

3. Vous voulez lire son journal. _____

4. Vous voulez lui emprunter son appareil. _____

5. Vous voulez vous asseoir à côté de lui. _____

6. Vous avez froid. La fenêtre est ouverte. _____

6. *Allez-y!*

Match these responses to the requests above.

a. Non, je préfère qu'on ne me téléphone que chez moi.

b. Certainement. Asseyez-vous.

c. Eh bien, il n'y a pas de pellicule là-dedans.

d. Mais oui, bien sûr. Il fait un peu froid, n'est-ce pas?

e. Bien sûr. Y a-t-il une émission intéressante?

f. Je suis désolé – je le lis moi-même.

Reading Corner

7. *Elle le fait combien de fois?*

After reading this description, make questions about the schedule, beginning with *Combien de fois...?*, to go with the responses.

Example: *Combien de fois par semaine enseigne-t-elle le français?* _____

Trois fois par semaine.

1. _____

Deux soirs par semaine.

2. _____

Une fois par an.

3. _____

Deux fois par an.

4. _____

Un soir par mois.

5. _____

Un weekend par mois.

Je travaille à mi-temps comme professeur de français, et j'ai des classes le lundi, le mardi et le vendredi matin. Je nage tous les mardis et les vendredis au soir, mais j'ai une classe de danse le premier vendredi du mois, donc je ne nage pas ce jour-là. Chaque année je fais du camping avec des amis, et cette année nous partons en Espagne, donc nous étudions l'espagnol une fois par semaine, le mercredi matin. Mais la semaine prochaine je ne pourrai pas y aller parce que je vais chez le dentiste (j'y vais tous les six mois). Ma mère me rend visite une fois par mois, d'habitude c'est le premier week-end du mois, mais ce mois-ci j'ai dû repousser sa visite au deuxième week-end parce que je vais à une soirée samedi soir.

Write Here

8. Est-ce qu'il vous arrive de… ?

Answer these questions about yourself.

Example: Est-ce qu'il vous arrive de faire du camping?

Oui, j'en fais deux fois par an. ou Non, je n'en fais jamais. _____

1. Est-ce qu'il vous arrive de faire du ski?

_____

2. Est-ce qu'il vous arrive d'écouter l'opéra?

_____

3. Est-ce qu'il vous arrive de parler en allemand?

_____

4. Est-ce qu'il vous arrive de boire du cognac?

_____

5. Est-ce qu'il vous arrive de monter à bicyclette?

_____

6. Est-ce qu'il vous arrive de voyager à l'étranger?

_____

7. Est-ce qu'il vous arrive de descendre dans un hôtel?

_____

UNIT 17: It's going to be a busy month.

In Unit 17 you will find more practice talking about the future and predicting what is going to happen.

Match Game

1. Match the three parts

Match the three parts to make complete sentences. Beware – in one case there is no second part.

1. Je vais écouter	a. à	i. aller.
2. Ils vont se lever	b.	ii. regarde?
3. Pourquoi il	c. y	iii. Marc?
4. Nous allons	d. à	iv. écris une lettre.
5. J'aimerais bien	e. lui	v. la piscine.
6. Je peux parler	f. me	vi. la radio.
7. Je	g. à	vii. 7h30.

Talking Point

2. *La dispute*

Pascale is having an argument with her son Jean-Claude. Rearrange the lines to find out what they are arguing about.

1. **Jean-Claude:**   Non, je n'y réussirai pas, mais cela n'a pas d'importance.

2. **Jean-Claude:**   Je ne vais pas chercher d'emploi.

3. **Jean-Claude:**   Non, pas encore.

4. **Jean-Claude:**   Je n'irai pas à l'université. J'irai en Asie et puis en Australie. J'apprendrai à vivre!

5. **Jean-Claude:**   J'écoute la radio. Pourquoi?

6. **Pascale:**   Tu ne vas pas chercher d'emploi? Et bien qu'est-ce que tu vas étudier à l'université?

7. **Pascale:**   Pourquoi tu n'étudies pas? Tu as appris tous ces verbes anglais? Tu passes tes examens le mois prochain! Tu penses que tu réussiras?

8. **Pascale:**   Jean-Claude! Que fais-tu dans ta chambre?

9. **Pascale:** Pourquoi ça n'a pas d'importance? Que penses-tu faire après les examens? Quel travail feras-tu ?

10. **Pascale:** Quoi?! Et où tu trouveras l'argent? Qu'est-ce que tu vas faire là-bas? Pourquoi tu ne me l'as pas dit? Tu en as parlé à ton père?

Word Power

3. *Qu'est-ce qui arrivera?*

Use one of the words or phrases in the box to make a sentence for each picture.

Example: Il fermera la fenêtre.

être en retard
pleuvoir
tomber
se casser
mettre à la poste
entrer en collision
ouvrir

1. _____

2. _____

3. _____

4. _____

5. _____

6. _____

7. _____

5.

1.

3.

6.

2.

4.

7.

4. Choose the verb

Choose which verb is appropriate in each sentence.

1. Tais-toi – j' (entends/écoute) la radio.
2. Pascale et Philippe (viennent/vont) à notre soirée?
3. Quand est-ce que tu vas le (parler/dire) à ton mari?
4. Tu as (vu/regardé) Marc hier soir?
5. Ça te dérange si j' (amène/apporte) une amie ce soir?
6. Non, je ne (sais/connais) pas cette chanson.

Language Focus

5. Fill the blanks

Fill the blanks in these sentences with *à* (or *au*, etc.), *de* (or *du*, etc.) or an "x" if nothing is needed.

1. Elle apprend _____ le français _____ ses enfants.
2. Arrêtez _____ faire ça!
3. Nous avons changé _____ train à Nice.
4. Nous avons demandé _____ la vérité _____ nos parents.
5. Ils ont joué _____ cartes toute la nuit.
6. Enfin, je commence _____ comprendre!
7. Elles se sont décidé _____ partir tout de suite.

6. *Qui sera là?*

Complete the sentences with a suitable word from the box.

n'importe qui	quelqu'un	aucun	ne personne	tout le monde

1. Je n'irai pas au bar ce soir – il _____ y aura _____ que je connais.
2. Tu as laissé la porte ouverte – _____ pourrait entrer!
3. Claire – il y a _____ qui te demande au téléphone!
5. J'ai invité _____ à célébrer!
6. _____ de nous n'a réussi à l'examen.

Reading Corner

7. *Votre avenir*

Read the horoscope and then correct the statements below (using pronouns where possible).

Example: Vous passerez un très bon mois au bureau.

Non — j'y passerai un mauvais mois.

1. Il y aura des problèmes financiers au début du mois.

   ----

2. Vous recevrez des nouvelles de votre famille.

   ----

3. Votre partenaire sera content.

   ----

4. Vous vous disputerez avec votre patron.

   ----

5. Sur le plan social, vous ne serez pas très active.

> ### Votre horoscope pour ce mois
>
> **Travail:** Ce ne sera pas un bon mois pour vous. Vous aurez des problèmes avec des collègues au début du mois, et des problèmes de finances à la fin du mois.
>
> **Amour:** Un ancien ami vous contactera, ou par lettre ou par téléphone, et vous disputerez avec votre partenaire – il sera jaloux.
>
> **Santé:** Vous aurez une vie sociale très active. Il est donc très important de vous soigner! Il vous faudra beaucoup d'exercice, de sommeil, et de la bonne nourriture.

Write Here

8. *Les résolutions de Nadine*

Last year Pascale's daughter Nadine wrote a list of ambitions in her secret diary, but now she's changed her mind about most of them. Using the notes below, write her new list of resolutions.

Example: marier – Laurent (Gérard)

Je ne vais plus me marier avec Laurent — je vais plutôt me marier avec Gérard.

1. apprendre – guitare (piano) _____

2. renoncer – nouveaux vêtements (disques) _____

3. m'intéresser – études (chevaux) _____

4. écouter – débats à la radio (musique) _____

5. chercher – emploi (copain riche) _____

UNIT 18: Two tickets to Paris, please.

Unit 18 is about travel: buying tickets, finding out train times, asking for repetition of relevant information, and making polite requests.

Match Game

1. *Les raisons*

Match each question with a suitable response.

1. Pourquoi vous allez à Paris?
2. Pourquoi vous allez au centre sportif?
3. Pourquoi vous allez à la gare?
4. Pourquoi vous allez à l'hôtel de la Gare?
5. Pourquoi vous allez à la banque?

( ) a. Pour réserver une chambre pour une amie.
( ) b. Pour changer de l'argent.
( ) c. Pour voir mes parents.
( ) d. Pour jouer au badminton.
( ) e. Pour acheter deux billets pour Genève.

Talking Point

2. *Acheter des billets de train*

Marie-France is taking a reluctant Marc to Paris to meet her parents. They're at the station now, buying tickets. Complete their conversation by filling in the blanks with words or phrases from the box.

Homme:	Que désirez-vous?
Marie-France:	Deux _____ pour Paris, s'il vous plaît, Monsieur.
Homme:	Vous voulez des allers-retours? Vous retournez à Lyon aujourd'hui?
Marie-France:	Oui – deux allers-retours, s'il vous plaît.
Homme:	Ça fait 500F50. Le métro est _____ .
Marie-France:	Merci. Vous pouvez me dire à quelle heure _____ le prochain train?
Homme:	Voyons… Le prochain train pour Paris _____ à 09h27, quai numéro 3.

rester

part

dois

billets

arrive

en plus

73

Marie-France: Merci. Allons-y.

Marc: Mais je veux _____ chez moi aujourd'hui - je veux laver ma voiture, et aller au bar avec les copains. Pourquoi on va à Paris aujourd'hui?

Marie-France: Tu sais bien pourquoi – pour voir mes parents. Et tu me _____ 250F25.

Word Power

3. Word puzzle

All the clues in the puzzle are about travel and hotels. Fill them in to find one more means of transportation.

1. On dit aussi 'voie', et on y trouve son train.

2. Les trains souterrains parisiens.

3. Avant d'arriver à un hôtel on fait une _____ .

4. Ce qui indique les heures des bus ou des trains.

5. Les valises.

6. Les lieux autour du centre ville.

7. Un billet avec lequel on ne peut pas retourner.

8. Utile pour faire monter les valises à sa chambre.

9. L'organisation française des chemins de fer.

10. Le chauffeur de taxi y met les valises.

11. On se lave là-dessous.

12. On y attend l'autobus.

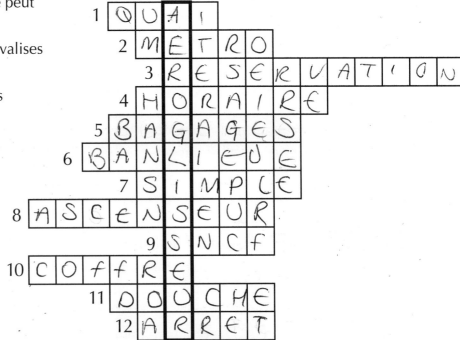

Language Focus

4. Getting information

Imagine you can't hear what someone says to you, and ask for repetition of the relevant information (in bold).

Example: Le prochain vol pour Tokyo, c'est **mercredi**. *Comment? C'est quand?*

1. Le prochain bus pour Lyon? C'est **le bleu**, là-bas. _____

2. Deux allers simples **pour Bordeaux**, s'il vous plaît. _____

3. Une chambre particulière **coûte 150 Francs** la nuit. _____

4. Le prochain train pour Paris part **du quai numéro 2**. _____

5. L'avion va arriver tard à cause **du brouillard** à Londres. _____

5. Polite requests – *Pourriez-vous...?*

Read the situations described below and then make appropriate requests, beginning *Pourriez vous...*

Example: Demandez l'heure de départ du prochain bus pour Lyon.

Pourriez-vous me dire à quelle heure part le prochain bus pour Lyon, s'il vous plaît, Monsieur?

1. Demandez à quelqu'un de parler plus lentement.

_____

2. Demandez deux billets aller-retour pour Tours.

_____

3. Demandez où se trouve la gare.

_____

4. Vous êtes dans l'avion – demandez de l'eau.

_____

5. Demandez à votre voisin si vous pouvez lui emprunter son stylo.

_____

Reading Corner

6. *Le journal de Dominique*

Dominique is keeping brief notes in her diary about each place the tour stays. Look at the notes below and then rewrite them in full sentences.

Example: *Nous avons passé la nuit dans un hôtel affreux hier.*

1. _____
2. _____
3. _____
4. _____
5. _____
6. _____
7. _____

Avons passé la nuit dans hôtel affreux hier. (1) Tous touristes en colère. (2) Ni de chambres pour deux personnes, ni douches! (3) Chambres sales, et repas mauvais au restaurant. (4) Voulais chercher autre hôtel, mais trop tard. (5) Dispute avec directeur d'hôtel - pas très gentil. (6) Mais demain — retour en France! (7) Vol arrivera Charles de Gaulle 14h30.

Write Here

7. Vous pouvez me dire...?

Write out conversations about the timetable, like the one in the example.

Lille	Arras	Amiens	Paris
06h04	06h19	06h30	07h50
1. 06h57	07h12	07h23	08h45
2. 08h12	08h27	08h38	09h52

Example:

Passagère: S'il vous plaît, vous pouvez me dire à quelle heure part le prochain train pour Paris?

Homme: Oui...Il part à six heures dix-neuf.

Passagère: Et le trajet dure combien de temps?

Homme: Il dure une heure et trente et une minutes.

1. Passager: _____

   Femme: _____

   Passager: _____

   Femme: _____

2. Passager: _____

   Homme: _____

   Passager: _____

   Homme: _____

UNIT 19: I feel terrible.

This unit is about health and exercise, and you will find practice with saying how you feel, giving advice and naming parts of the body.

Match Game

1. *Que faites-vous quand vous avez froid?*

Match the two halves of the sentences.

1. Quand j'ai froid   ( )   a. je vais au lit de bonne heure.
2. Quand je me sens seul   ( )   b. je vais au centre sportif.
3. Quand je suis fatiguée   ( )   c. je bois toujours de l'eau ou du jus de fruit.
4. Quand j'ai faim   ( )   d. je porte un pull de plus.
5. Quand je me sens gros   ( )   e. je me fais un croque-monsieur.
6. Quand j'ai soif   ( )   f. j'appelle mon meilleur copain.

Talking Point

2. *Tu as l'air fatiguée*

On her return from Martinique Dominique bumps into Marc. Complete their conversation by choosing an appropriate form of the verb to fill the blanks. Note that (+) shows a positive verb and (–) shows a negative verb.

Marc: Dominique! Salut! Tu (faire+) _____ un bon voyage? Tu (avoir+) _____ l'air un peu fatiguée.

Dominique: Oui, en fait je le suis. Ce (être+) _____ merveilleux là-bas, mais c'est un trajet très long, et je (pouvoir–) _____ dormir. A propos, toi aussi, tu as mauvaise mine. Qu'est-ce qui (se passer+) _____ ?

Marc: Je (se sentir+) _____ très malade. J'ai mal à la tête, j'ai mal à l'estomac, et je (pouvoir–) _____ dormir hier soir.

Dominique: Tu n'as pas trop bu, peut-être? Ou c'est la grippe? Pourquoi tu (rentrer–) _____ chez toi pour aller au lit?

Marc: Je ne peux pas – j' (avoir+) _____ rendez-vous avec quelqu'un au bar à 19h30.

Dominique: Une femme?

Marc: Oui. A vrai dire, je crois que c' (être+) _____ elle le problème. Hier elle m' (emmener+) _____ à Paris pour voir ses parents. Nous y (déjeuner+) _____ , mais sa mère n'est pas douée pour la cuisine. Le repas (être+) _____ horrible, et je (vomir+) _____ dans le train au retour. C' (être+) _____ une journée tout à fait affreuse. Je ne veux plus la voir.

Word Power

3. *Le corps*

Rearrange the letters to find names for parts of the body, and then mark them on the picture.

1. aimn la   _____
2. diep le   _____
3. tvenre le   _____
4. llchieve la _____
5. goipnet le _____
6. sarb le   _____
7. ounge le   _____
8. ctrno le   _____
9. êett la   _____
10. bajme la   _____

4. *J'ai mal au ventre*

Choose the appropriate expression from the box to complete these sentences.

1. Je _____ les cheveux chaque matin.

2. J'ai le pied dans le plâtre – je _____ la semaine dernière.

3. Mon fils ne _____ le visage qu'une fois par mois, je crois!

4. Aie! Je _____ le doigt.

5. Elle _____ la tête contre le mur.

6. Mon frère a le corps _____ , le pauvre.

> **me suis coupé**
> **couvert de bleus**
> **me brosse**
> **me le suis cassé**
> **s'est heurté**
> **se lave**

Language Focus

5. *Des conseils*

Give suitable advice in response to these comments, beginning *Pourquoi tu...?*

> **Example:** J'ai mal aux yeux. (porter tes lunettes)
>
> *Pourquoi tu ne portes pas tes lunettes?*

1. J'ai mal à la tête. (prendre une aspirine)
2. J'ai très mal aux dents. (aller chez le dentiste)
3. Je suis si fatiguée (aller au lit de bonne heure)
4. Je me sens vachement mal. (aller chez le médecin)
5. J'ai mal au genou. (s'asseoir)
6. Je suis vraiment gros. (se mettre au régime)

Reading Corner

6. Problem page

Read this letter to a magazine, and the answer, then correct the statements that follow.

Chère Tante Marie,

Est-ce que vous pouvez m'aider? Mon problème, c'est que je suis grosse. Quand j'étais petite, ma mère préparait des gâteaux et des desserts merveilleux, et j'ai trop mangé. J'étais déjà grosse lorsque j'avais douze ans. L'année dernière je me suis mise au régime, mais je ne suis pas devenue plus mince. Et je ne peux pas dormir parce que j'ai toujours faim. Donc je suis fatiguée, et ça se voit. Et je me sens si seule. Qu'est-ce que je peux faire?

Denise

Chère Denise,

Quand on est trop grosse, le régime, c'est important, bien sûr, mais l'exercice, c'est important aussi. Pourquoi vous ne devenez pas membre d'un club sportif, ou d'une classe de gymnastique? On rencontre plein de gens intéressants quand on fait du sport. Et quand on fait de l'exercice, on se sent mieux et on a meilleure mine. Bonne chance.

Tante Marie

> **Example:** La mère de Denise ne cuisinait pas bien.
>
> *Si, elle cuisinait très bien.*

1. Marie ne mangeait pas beaucoup quand elle était jeune.

   ----

2. Elle est devenue beaucoup plus maigre après avoir suivi un régime.

   ----

3. Elle a mauvaise mine parce qu'elle a toujours faim.

   ----

4. Quand on est gros, le régime et l'exercice ne sont pas importants.

   ----

5. On rencontre plein de gens ennuyeux quand on fait du sport.

Write Here

7. *Quand j'avais douze ans...*

Make sentences about the various events in this person's life, beginning each one with *Quand je/j'*...

Example: *Quand j'avais douze ans je me suis cassé la jambe.*

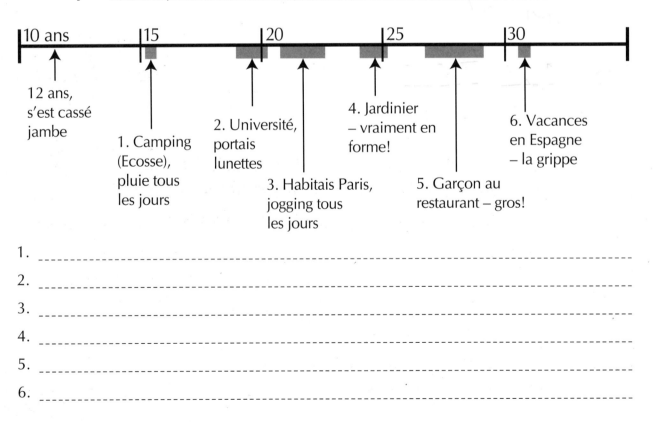

1. --

2. --

3. --

4. --

5. --

6. --

UNIT 20: How long have you lived here?

In Unit 20 you will talk about your experiences, and about when things happen (or happened) and how long they last.

Match Game

1. *Nous habitons ici ...*

Match the two parts of these sentences.

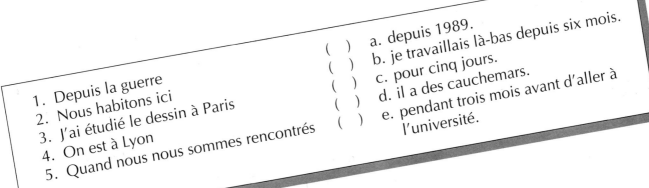

1. Depuis la guerre
2. Nous habitons ici
3. J'ai étudié le dessin à Paris
4. On est à Lyon
5. Quand nous nous sommes rencontrés

( ) a. depuis 1989.
( ) b. je travaillais là-bas depuis six mois.
( ) c. pour cinq jours.
( ) d. il a des cauchemars.
( ) e. pendant trois mois avant d'aller à l'université.

Talking Point

2. *Il ne s'est pas encore levé*

It's Saturday morning and Pascale has been out shopping. When she gets back, her daughter Nadine is in the kitchen drinking coffee. Read their conversation and then say whether the statements that follow are true or false.

Pascale: Où est Jean-Claude?

Nadine: Je ne sais pas. Je ne l'ai pas vu depuis hier.

Pascale: Comment? Il n'est pas encore levé? Mais il est presque l'heure du déjeuner!

Nadine: Il est allé à la discothèque hier soir, n'est-ce pas? Il est probablement fatigué.

Pascale: Ça m'est égal. (Elle crie.) Jean-Claude! Lève-toi! C'est l'heure du déjeuner!... Nadine, tu as rangé ta chambre?

Nadine: Pas encore. Je le ferai cet après-midi.

Pascale: Mais tu vas au festival de jazz cet après-midi.

Nadine: Je sais, je sais.

Pascale: Tu as promené le chien?

Nadine: Non. Je m'excuse. J'ai oublié.

Pascale: Nadine, qu'est-ce que tu as? Tu oublies tout en ce moment.

1. Jean-Claude est toujours au lit.   *Vrai ou faux?*

2. Nadine a vu Jean-Claude à la discothèque.   *Vrai ou faux?*

3. Nadine n'a pas rangé sa chambre.   *Vrai ou faux?*

4. Nadine n'a pas sorti le chien.   *Vrai ou faux?*

5. Ils ont pris le déjeuner.   *Vrai ou faux?*

3. Word square

How many time words can you find in the
word square? One has been done for you.

4. Time words

Complete these sentences by choosing the correct time word or phrase from the box.

1. Je _____ faire la vaisselle – où étais-tu?

2. Il ne viendra pas _____ le dîner.

3. Le train part _____ une heure.

4. Nous partirons en vacances _____ juin.

5. Il travaille vite et il a terminé _____ deux heures.

6. Restez-là _____ qu'il vienne.

7. _____ sa maladie, il est très faible.

8. _____ huit heures, c'est la fête!

> **en**
> **en**
> **depuis**
> **avant**
> **viens de**
> **à partir de**
> **dans**
> **jusqu'à ce**

Language Focus

5. *Pendant* or *depuis?*

Fill the blanks with *pendant* or *depuis*.

1. Nous habitons à Dieppe _____ trois ans.

2. Quand il était étudiant il a partagé un appartement avec son frère _____ neuf mois.

3. _____ son enfance il était toujours content.

4. _____ son enfance il est souvent triste.

5. On s'arrête? On marche _____ longtemps!

6. Elle travaille _____ des heures dans son jardin.

7. Nadine est dans la salle de bains _____ une heure!

6. Choose the tense

Choose which tense of the verb is appropriate in each of these sentences.

1. Nous (attendons/avons attendu) _____ le train depuis deux heures maintenant.

2. Quand ils sont venus chez nous ils (sont/étaient) _____ mariés depuis huit mois.

3. Nos parents n' (arriveront/arrivent) _____ qu'à midi.

4. Il lit très vite – il (lisait/a lu) _____ 'Germinal' en une heure!

5. Quand nous sommes partis en Espagne nous (avons habité/ habitions) _____ en France depuis quinze ans.

6. Je lui ai écrit pour dire que je (serai/étais) _____ à Paris pour quatre jours.

Reading Corner

7. *Le festival de jazz*

Complete the newspaper article by writing an appropriate verb in the blanks.

avons envoyé	**entendu**	**n'ont pas pu**	**habite**	**avons écrit**
aimons	**a reçu**	**ai**	**vis**	**a commencé**

Des plaintes contre le festival

La police _____ plus de cent plaintes sur le bruit du festival de jazz au Parc de Bellevue le week-end passé. «Je _____ dans cette rue à côté du Parc depuis dix-huit ans, et je n' _____ jamais _____ un bruit si affreux,» dit Mme Geneviève Marron, qui _____ au 24 rue du Parc. «Ça n' _____ qu'à 22 heures, et nos petits enfants _____ dormir,» dit M. Paul Legrand, du 37 avenue du Parc. Sa femme, Jeannette Legrand, dit «Nous _____ à la police, et nous _____ des lettres aux journaux. Nous _____ le jazz, mais cette musique était horrible.»

Write Here

8. *Tu as rangé le salon?*

Pascale has left a list of things for Jean-Claude to do in the house. She's just called home to see whether he's done them or not. Look at the picture and answer her questions, using the cues provided.

Example: ranger/salon

Tu as rangé le salon?
Oui, je l'ai déjà fait. or *Non, je ne l'ai pas encore fait.*

1. laver/voiture

   ----

2. acheter/provisions

   ----

3. tondre/gazon

   ----

4. faire/vaisselle

   ----

5. faire/sandwichs

   ----

6. mettre/lettres à la poste

UNIT 21: I haven't seen you for ages!

In this unit you will find things you might say when meeting old friends. There is also more practice in saying what you have been doing, and when things happened.

Match Game

1. *Vraiment?*

Match the responses to the statements.

1. J'ai voyagé en Europe pendant deux ans.
2. J'ai vendu ma voiture la semaine dernière.
3. Je ne suis plus ingénieur.
4. Nous nous marierons en mai.
5. Je n'ai pas vu Lucile depuis très longtemps.
6. Mes parents ont déménagé.
7. Je travaillais dans un magasin.
8. J'habite maintenant à Londres.

( ) a. Tu la connais depuis quand, ta fiancée?
( ) b. Tu l'avais depuis quand?
( ) c. Dans lequel?
( ) d. Tu vas rester là-bas?
( ) e. Vraiment? Quand est-ce que tu es rentré?
( ) f. Il paraît qu'elle ne sort plus jamais.
( ) g. Vraiment? Quand? Où?
( ) h. Quand est-ce que tu as changé d'emploi?

Talking Point

2. *Ça fait longtemps que je ne t'ai pas vue!*

Put the correct form of the verb in the blanks (+ indicates that the verb is positive, – indicates that it is negative), shortening pronouns where necessary.

Dominique: Anne! Ça (faire+) _____ longtemps que je (te voir–) _____ !
Ça va?

Anne: Dominique – c'est merveilleux de te voir. Je (aller+) _____ bien.
Dis, j' (entendre+) _____ que tu as un nouvel emploi?

Dominique: Oui. Je (travailler+) _____ pour cette compagnie depuis à peu près
deux mois maintenant, et je l' (aimer+) _____ beaucoup. Je (être+) ___
rarement ici, parce que je (être+) _____ si souvent à la Martinique.
Et toi. Que (faire+) _____-tu?

Anne:	Je (travailler+) _____ toujours à l'hôpital. Dis, je (voir+) _____ ton ancien copain là-bas hier.
Dominique:	Qui ça? Marc?
Anne:	Oui, je (passer+) _____ à la réception quand je (le voir+) _____ .
Dominique:	Que (faire+) _____-il là?
Anne:	Je ne sais pas. Je (parler+) _____ avec un autre malade, donc je (pouvoir–) _____ lui parler. Il (être+) _____ assis dans un coin, la tête dans les mains.
Dominique:	Oh là là! Un accident?
Anne:	Peut-être. Il (être+) _____ accompagné d'une jeune femme. Elle (avoir+) _____ l'air très fâchée, et ils (parler–) _____ .
Dominique:	Ah – une dispute!

Word Power

3. Opposites

What are the opposites of these verbs?

1. perdre _____

2. répondre _____

3. acheter _____

4. arriver _____

5. apprendre
(le français à son fils)_____

6. recevoir _____

7. oublier _____

8. se réveiller _____

4. Odd man out

Circle the word which doesn't belong in each group.

1.	placard	journal	canapé	table	chaise
2.	marcher	courir	nager	plonger	écouter
3.	client	infirmière	cheval	ami	patron
4.	dispute	parler	dire	demander	chuchoter
5.	apporter	ris	pleure	travaille	trouve
6.	manteau	chapeau	complet	couteau	chaussure

Language Focus

5. *Des vieux amis*

You bump into an old friend, whom you haven't seen for years. She wants to know everything you've been doing. Tell her, taking the information from the time line, and include information about how long you did, or have been doing each thing.

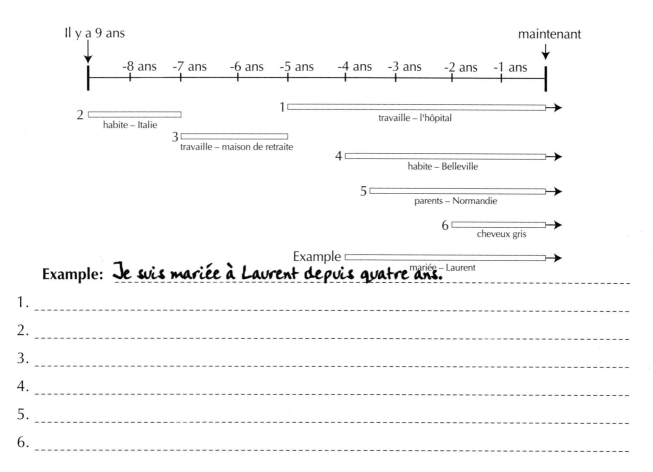

Example: *Je suis mariée à Laurent depuis quatre ans.*

1. _____

2. _____

3. _____

4. _____

5. _____

6. _____

Reading Corner

6. *La lettre*

Put the pieces together to find Dominique's letter to her mother.

1. avec sa nouvelle copine. Ils se disputaient, et sa

2. longtemps, et je n'ai pas acheté ton cadeau – je m'excuse. Elle travaille

3. rencontrée hier! J'étais tout à fait étonnée. Je cherchais

4. à l'hôpital, et la semaine dernière elle y a vu Marc

5. copine lui donnait des coups, là, dans l'hôpital! Hi! Hi! Hi!

6. un cadeau pour ton anniversaire aux Galeries Lafayette, quand

7. Tu te souviens de ma vieille copine Anne? Je l'ai

8. mince, maintenant, et vraiment en pleine forme! Nous avons bavardé très

9. je l'ai vue. Elle est très

Write Here

7. Que faisaient-ils quand Maman est rentrée?

What was happening when Mom came home? Look at the picture for a minute, then cover it up and answer the questions below.

Example: Que lisait son mari?   <u>Il lisait le journal.</u>

1. Que mangeait son mari? _____

2. Que portait son mari? _____

3. Où était-il assis? _____

4. Où jouaient les enfants? _____

5. Est-ce que la petite fille riait ou pleurait? _____

6. Que tenait le garçon? _____

7. Où était le chat? _____

8. Qu'est-ce qu'il était en train de faire? _____

UNIT 22: *What a disaster!*

In Unit 22 you will talk about what caused past events, and what you should or shouldn't have done.

Match Game

1. Similar meanings

Find a word in the second group that is similar in meaning to a word or expression in the first group. (Be careful – there are more words than you need in the second group.)

une journée   un trajet
des valises   l'agent   les baskets
une veste
la monnaie   une baguette

un voyage   un petit sac
un jour   des bagages   un T-shirt
les chaussures de sport   un pain
un blouson   l'argent
les corbeilles   le gendarme

Talking Point

2. Nothing will happen

Philippe, Pascale and the family went camping last weekend, but everything went horribly wrong. Read Philippe and Pascale's conversation and then answer the questions below.

Pascale: Je ne comprends pas – j'avais tout préparé avant de partir.

Philippe: On n'a pas eu de chance, c'est tout. C'est rare qu'il pleuve comme ça en été!

Pascale: J'avais écrit une liste de choses à faire – téléphoner au camping, acheter des provisions, aller à la banque…

Philippe: Mais tu avais fait tout ça, n'est-ce pas, chérie?

Pascale: Eh bien, j'avais téléphoné au camping et acheté des provisions. Je n'étais pas allée à la banque, c'est vrai, mais je t'avais téléphoné pour te demander de le faire, n'est-ce pas?

Philippe: …et moi j'avais oublié de le faire – donc on n'a pas pu manger au restaurant le soir.

Pascale: …ce qui était nécessaire puisque Nadine et Jean-Claude ne voulaient pas manger les provisions que j'avais achetées.

Philippe: On n'aurait pas pu manger au restaurant non plus – il ne servait pas de repas sans poissons, viandes, ou produits laitiers! Mais enfin, l'hôtel que tu as trouvé était merveilleux – ils ont séché tous nos vêtements.

Pascale: Oui, mais quand on a dit qu'on n'avait pas d'argent ils étaient moins contents de nous voir, hein?

Philippe: C'est vrai, mais je préfère faire la vaisselle dans un hôtel que faire du camping sous la pluie.

1. Qu'avait-écrit Pascale avant de partir? _____

2. Avait-elle fait tout ce qu'il y avait sur sa liste? _____

3. Qu'est-ce que Philippe avait oublié de faire? _____

4. Pourquoi ils n'auraient pas pu manger au restaurant? _____

5. Comment ont-ils payé l'hôtel? _____

Word Power

3. J'avais cassé…

Serge has just sold his old car. Fill in the blanks in his description of it with the appropriate noun and verb from the box.

clé   bouton
poignée
radio   poignée
marcher   avoir
ouvrir   fermer
démarrer

1. J'avais cassé la _____ , donc les fenêtres ne _____ plus.

2. Ma sœur avait cassé le _____ , donc la lumière ne _____ plus.

3. Toi, tu avais cassé la _____ , donc la porte n' _____ plus.

4. J'avais cassé la _____ , donc je ne pouvais plus _____ .

5. Mon frère avait cassé la _____ , donc je n' _____ plus de musique.

4. Impersonal phrases

Match these statements to the impersonal phrases in the box.

il n'en reste	il pleut	il est	il fait	il faut

1. Nous avons besoin de nouveaux vêtements. _____ en acheter.

2. Il y a encore de vin? _____ plus.

3. Tu as une montre? Oui, _____ huit heures.

4. _____ , et j'ai perdu mon parapluie.

5. Tu as mis des T-shirts dans ta valise? _____ chaud à la Martinique.

Language Focus

5. *Moi-même...*

Fill in the blanks with *moi* or *moi-même*, *toi* or *toi-même*, and so on.

1. Où Philippe a-t-il trouvé cette bicyclette ancienne? Il l'a construite _____.

2. Qui c'est? C'est _____, ta sœur!

3. Quelle maison magnifique! Nous l'avons construite _____.

4. Il faut que vous la portiez _____, j'ai déjà deux valises.

Reading Corner

6. Party invitations

Here are two party invitations that have become mixed up. Can you straighten them out?

1. Nos parents partent pour

2. C'est l'anniversaire de Dominique la

3. semaine prochaine, donc

4. le week-end, et ils ne rentrent que lundi, donc

5. nous voulons fêter ça avec une soirée. Ce sera chez

6. nous organisons une fête. Ce sera

7. samedi soir, vers 20 heures. Je vais probablement

8. moi vendredi soir, vers 20 heures trente. Je ne vais

9. préparer quelque chose à manger, mais ce serait bien si tu pouvais apporter

10. pas cuisiner, puisque je n'aurai pas le temps, donc peux-tu apporter

11. quelque chose à boire?

12. quelque chose à manger?

13. Merci. A samedi – Nadine.

14. Merci. A vendredi – Denise.

Write Here

7. J'aurais dû...

After the last disaster, Pascale and Philippe have decided that they'll try camping one more time – this time without the children. Unfortunately she's having nightmares about all the things that might go wrong, and what she should have done to prevent them. Look at the picture and write sentences, using the clues, about what she should have done.

Example: (interdire/organiser une fête) *J'aurais dû le leur interdire.*

1. (cacher/alcool)

----

2. (laisser/yaourts)

----

3. (vider/poubelles)

----

4. (mettre/chien/au chenil)

----

5. (demander/tante Marie/téléphoner)

----

6. (rester/chez moi!)

----

2. Rien à manger au petit déjeuner

example une fête

3. Poubelles débordantes

5. Dormiront jusqu'à midi

6. Iront voir des films pour adultes

1. S'enivreront chaque soir

4. Ne promèneront jamais le chien

UNIT 23: *What did you say?*

In this unit you will report what people have said, and how they said it.

Match Game

1. How did she say it?

Match the statements on the left to an appropriate way of saying them on the right.

1. Mon chat est mort hier,	( ) a. dit-elle gaiement.
2. Il faut dépenser moins d'argent,	( ) b. dit-elle doucement.
3. C'est le début des vacances!	( ) c. dit-il poliment.
4. Parle moins fort - le bébé dort,	( ) d. dit-elle d'une voix fatiguée.
5. Il est deux heures du matin,	( ) e. dit-il sérieusement.
6. Est-ce que cela vous dérange si je	( ) f. dit-elle d'une voix jalouse.
m'assieds ici?	( ) g. dit-elle tristement.
7. C'est sa nouvelle copine,	

Talking Point

2. *Qu'est-ce qu'il a dit?*

Dominique is telling her friend Anne about the phone call she received from Marc last night. Rewrite the conversation in her words.

Marc: Je t'appelle pour te dire au revoir.

Dominique: Où est-ce que tu vas?

Marc: (1) Je quitte Lyon, et je vais à Paris.

Dominique: (2) Pourquoi tu pars?

Marc: (3) Il y a trop de problèmes pour moi ici.

Dominique: (4) Tu as quels problèmes?

Marc: (5) J'en ai plein. (6) Je n'aime pas mon emploi, ma patronne ne m'aime pas, et j'ai trop de problèmes avec mes copines.

Dominique: (7) Que vas-tu faire à Paris?

Marc: (8) Je ne sais pas encore. A propos, (9) que fais-tu vendredi soir?

Dominique: (10) Je ne fais rien. (11) Pourquoi?

Marc: (12) Parce que j'ai deux billets pour le théâtre.

Il m'a dit qu'il allait quitter Lyon...

Word Power

3. *Il rit ou il pleure?*

Match the sentences to an appropriate verb.

1. Au secours!

2. Excusez-moi. Il est quelle heure?

3. Il est deux heures et demie,

4. Chut! Tais toi!

5. Oh, je suis si triste,

6. C'était vraiment amusant, ce film!

7. Mm, elle est jolie,

a. il a ri.

b. il a pensé.

c. il s'est lamenté.

d. il a crié.

e. il a répondu.

f. il a chuchoté.

g. il a demandé.

4. Find the adverbs

Find out how Marc went home last night by using the clues to complete the word puzzle.

1. C'est un homme très gentil – il nous parle toujours très _ _ _ _ _ _ _ _ _ .

2. Elle est _ _ _ _ _ _ _ _ _ très maligne, il faut le dire.

3. Elle l'a mal fait? Non, au contraire, elle l'a _ _ _ _ _ _ _ _ fait!

4. Le contraire d'approximativement.

5. Il est ivre – il a _ _ _ _ _ _ _ _ _ bu.

6. Il ne prend jamais de risques - il travaille toujours très _ _ _ _ _ _ _ _ _

7. Elle est _ _ _ _ _ _ _ _ _ faite, cette tente – la pluie peut entrer!

8. Il faut jouer _____ , les enfants, pour ne pas salir vos vêtements.

9. Elle est _____ malade – il n'y a pas un jour où elle n'est pas malade.

10. Elle est _____ belle – je dirais la plus belle du monde!

```
                    1 G E N T I M E N T
                      2 V R A I M E N T
                      3 B I E N
                  4 P R E C I S E M E N T
                      5 T R O P
                  6 P R U D E M M E N T
                      7 M A L
              8 S A G E M E N T
                9 C O N S T A M M E N T
              10 E X T R E M E M E N T
```

Language Focus

5. Adverb or not?

Describe how these things were done using either an adverb or an alternative phrase where none is possible. For example you might use an adverb like *follement*, or a phrase like *d'un pas sûr*.

Example: Elles sont prudentes. (dépenser) **Elles dépensent prudemment.**

1. Ils sont intelligents. (parler)

   _____

2. Il est ivre. (marcher)

   _____

3. Elle a faim. (regarder le pain)

   _____

4. Elle est fâchée. (parler)

   _____

5. Elle est aveugle. (aimer)

   _____

Reading Corner

6. *Je l'ai entendu à la banque*

Pascale was in the line in the bank, when she overheard two young people behind her having a very interesting conversation. When she got home she told Philippe about it. Read what she said and then rewrite the conversation in the word balloons over the page.

«Il a demandé à la fille ce qu'elle faisait ce week-end, et elle lui a dit qu'elle allait à une fête. Donc il lui a demandé où c'était, cette fête, et elle lui a dit que c'était à Bellevue, et que ce serait une très bonne fête.

Il lui a demandé pourquoi, et elle a dit que c'était parce que les parents de sa copine partaient pour le week-end. Donc il lui a demandé comment s'appelait sa copine, et elle a dit qu'elle s'appelait Nadine, et que son frère s'appelait Jean-Claude…»

Write Here

7. Qu'est-ce qu'on dit…?

Answer the questions as in the example.

> **Example:** Qu'est-ce qu'on dit quand on veut savoir le prix de quelque chose?
>
> *On dit 'Excusez-moi. Cela coûte combien?'* ------------------

1. Qu'est-ce qu'on dit quand on veut savoir où se trouve la gare?

   ----

2. Qu'est-ce qu'on dit avant de se coucher pour la nuit?

   ----

3. Qu'est-ce qu'on dit si on veut s'asseoir à côté de quelqu'un dans le train?

   ----

4. Qu'est-ce qu'on dit si on veut savoir à quelle heure ferme la bibliothèque?

   ----

5. Qu'est-ce qu'on dit si on veut savoir l'âge de quelqu'un?

UNIT 24: Review

In this unit you have a chance to review all the work you have done in the previous units.

1. Opposites

What's the opposite of:

1. un peu de _____   5. jamais _____

2. propre _____   6. doucement _____

3. arriver _____   7. bien _____

4. tard _____

2. Find the word

What are these words.

1. _ _ _é_   On y va pour voir des antiquités.

2. _î_ _ _   Le repas du soir.

3. é_ _ _ _   Là où vont les enfants pour apprendre.

4. â_ _   Vous avez quel ——-?

5. _ _ _ç_ _   L'homme qui vous sert dans un café.

6. _ _ _ê_ _ _   On regarde par celle-ci pour voir dehors.

7. _é_ _ _ _ _ _   Le dernier mois.

8. _ô_ _ _   Il y en avait un qui était très mauvais à la Martinique!

9. _é_ _ _ _ _ _   Le repas au milieu du jour.

10. _ _ë_   La fête du 25 décembre.

11. _ _é_é_ _ _   Aimer une chose mieux qu'une autre.

12. _ _ _ _ _è_ _   Qui suit huitième.

13. _ _è_ _   Le fils de mes parents.

3. Future

Complete the sentences with the future tense of each verb.

1. Que (faire) _____ -tu à Paris?

2. Ils (aller) _____ aux Etats-Unis l'année prochaine.

3. Il (prendre) _____ le bateau ou l'avion, tu penses?

4. Ils ne (être) _____ pas contents de le voir.

5. Elle (partir) _____ demain.

6. Tu (chercher) _____ un nouvel emploi là-bas?

4. Same sound

Join the words in groups of three, four and five words which rhyme.

> puis   jouait   avancent   deux   achète   peu   aller   minuit   fermé
> danse   permettaient   lui   êtes   vacances   mieux
> fourchette   puits   arrête   peut

5. Find the mistake

Cross out the word that is wrong in each sentence, and write the sentence out correctly.

1. Jacques est le plus grand que Lucile.   _____

2. Il neigerait demain.   _____

3. Vous veut aller au cinéma ce week-end?   _____

4. C'était l'anniversaire de Pascale,
   parce que je lui ai acheté un cadeau.   _____

5. Tu veux aller faire du camping dans août?   _____

6. Tu lui le as donné?   _____

7. Je venais de m'habiller, quand elle arrivait.   _____

98

6. Crossword

Across

2. Vous suivez des _____ de français?
6. J'ai acheté un cadeau _____ ma mère.
7. Elle n'est pas là, elle est _____ , avec moi.
8. Deux yeux, un _____ .
10. Cette valise est à lui, ou à _____ , chérie?
11. Venir pour une deuxième fois.
13. C'est terminé.
14. Une femme qui n'est pas mariée.
18. Le jour qui suit jeudi.
20. Le contraire de petits.
22. Mot familier pour mère.
23. Là où on garde les vins.
24. Arrête.
26. Je viens _____ m'habiller.
27. Cette valise n'est pas lourde, elle est _____ .
28. Mes _____ préférées sont les roses et les jonquilles.
30. Le contraire de bien.
31. Nécessaire pour faire du camping.

Down

1. On y cuit des choses.
2. On la porte autour du cou.
3. Si on fait quelque chose à la hâte, on le fait ____ .
4. Quand on veut boire, on a _____ .
5. 'Elle' au masculin.
9. Le nouvel _____ commence le 1er janvier.
12. Si on vous demande des _____ s personnels, vous donnerez votre nom, votre adresse, etc.
15. Le jour qui précède mercredi.
16. Les carottes, les choux, les poivrons, ce sont tous des _____ s.
17. Elle coule quand on pleure.
19. Sa _____ copine est moins gentille que l'ancienne.
21. Faire une danse.
25. Vieux.
26. Vous voulez _____ vin?
29. On met du _____ et du poivre sur la table.

7. La carte postale

Postcards are usually written in note form to save space – rewrite this postcard in full sentences.

Mardi. T. chaud tous jours, mais pleut aujourd'hui. Hôtel super – petit, tranquille, mais grande piscine, 2 restos. Plein de gens intéressants. Nageons tous jours. Acheter souvenirs – difficile – ne parlons pas langue. Mais habitants t. gentils, repas magnifiques. A samedi.

Michel et Sylvie.

----

8. Questions about you

1. Que feriez-vous si vous gagniez 1.000.000 Francs?

    ----

2. Que feriez-vous si vous parliez couramment le français?

    ----

3. Que feriez-vous si votre vedette de cinéma préférée vous invitait à dîner?

    ----

4. Où habiteriez-vous dans le monde si vous pouviez choisir?

    ----

5. Où voyageriez-vous dans le monde si vous étiez millionaire?

    ----

6. Que mangeriez-vous de préférence?

Answer Key

Unit 1

1. elle est
   nous sommes
   Monsieur et Madame Dubois sont
   il est
   je suis
   Jean-Claude est
   Michèle et moi sommes
   ils sont

2. ne suis pas suis m'appelle enchanté s'il vous plaît êtes

3. l'Espagne – espagnol l'Angleterre – anglais l'Allemagne –
   allemand l'Ecosse – écossais l'Italie – italien les Etats-Unis
   – américain le Canada – canadien le Japon – japonais
   le Brésil – brésilien l'Inde – indien l'Australie – australien

4. 1 – un 2 – deux 3 – trois 4 – quatre 5 – cinq 6 – six
   7 – sept 8 – huit 9 – neuf 10 – dix

5. 1. un Néerlandais 2. une Chinoise 3. des Espagnols 4. un
   Marocain 5. une Japonaise 6. un Irlandais 7. une Grecque
   8. une Belge

6. 1. Elle n'est pas française.
   2. Ils ne viennent pas d'Angleterre.
   3. Ce n'est pas du café.
   4. Son nom n'est pas Bonnet.
   5. Je ne suis pas célibataire.

7. Marc Seguin est français.
   Il vient de Lyon.
   Son adresse est 28 rue de la Rivière.
   Il n'est pas marié, il est célibataire.
   Il a 31 ans. Sa copine s'appelle Dominique.
   Elle vient de la Martinique. Elle a 29 ans.

8. Free answers.

Unit 2

1. 1. g 2. d 3. b 4. a 5. f 6. e

2. est ai as suis n'es pas est appelle est a vient

3. Catrine et Pierre ont trente et un ans.
   Céline a soixante-sept ans.
   Luc a soixante-treize ans.
   Fabienne a quatre-vingt-huit ans.

4. 1. mon 2. ma 3. son 4. sa 5. son 6. ma mon 7. ma mon

5. 1. ai une 2. a deux 3. ai 4. ont trois 5. a trois 6. avons

6. tu vas allez-vous tu vas Tu es

7. 1. Il a une copine?
   2. Où habitent tes parents?
   3. Quel âge a ton fils?/Ton fils a quel âge?
   4. De quelle couleur est ta voiture?

8. 1. Non, il n'a pas de nouvelle voiture. Il a un nouvel emploi.
   2. Non, il n'est plus ingénieur. Il est journaliste.
   3. Voyageurs Internationaux n'est pas une petite entreprise.
   Elle est grande.
   4. Non, elle n'a pas cinq filiales. Elle a six filiales.
   5. Non, elle n'est pas journaliste. Elle est photographe.

9. Votre adresse est 47 avenue du Parc?
   Non, c'est 47 avenue du Lac.
   Vous êtes mariée?
   Oui, je suis mariée.
   Comment s'appelle votre mari?
   Il s'appelle Philippe.
   Il est comptable?
   Non, il est professeur.
   Il est/vient de Londres?
   Non, il est français.

Unit 3

1. 1. a 2. d 3. e 4. g 5. b 6. f 7. c

2. grand blanc agréables gentils beau bleus vert Quelle
   content contente jalouse

3. gris rouge pourpre blanc noir vert bleu jaune rose
   marron orange

4. 1. magasin 2. savon 3. bureau 4. œuf

5. 1. Du 2. de la 3. des 4. des 5. de l' 6. de la 7. De la, du

6. 1. Est-ce qu'il y a une douche dans la salle de bains?
   2. Est-ce qu'il y a une machine à laver dans la cuisine?
   3. Est-ce qu'il y a des œufs dans le frigo?
   4. Est-ce qu'il y a des restaurants à Villeneuve?
   5. Est-ce qu'il y a des femmes dans votre bureau?
   6. Est-ce qu'il y a un lit dans la chambre?

7. 1. piscine 2. gymnase 3. téléphones publics 4. café
   5. librairie 6. agence de voyages 7. canapés, chaises et
   tables, 8. W-C 9. restaurant

8. 1. Combien de chambres y a-t-il?
   2. Y a-t-il une machine à laver?
   3. De quelle couleur est le salon?
   4. Où est le garage?
   5. Y a-t-il un jardin?
   6. Où est le jardin?

Unit 4

1. parle – parlent pur – sur pour – cours chapeau – couteaux
   finir – lire gai – plaît courses – source

2. 1. Jean-Claude est toujours au lit.
   2. Jean-Claude a le journal de Philippe.
   3. Philippe est prêt.

101

4. Nadine va rater son autobus.
5. Philippe aime le café et les croissants.
6. Elle mange des choses pures et naturelles.

3. 1. Il est sept heures.
2. Il est trois heures et demie.
3. Il est onze heures.
4. Il est six heures et demie.

4. 1. A sept heures trente il est dans son bain.
2. A huit heures trente il est dans sa voiture.
3. A neuf heures il est au bureau.
4. A midi trente il est à la cantine.
5. A dix-huit heures trente il est au gymnase.
6. A vingt heures trente il est au bar.

5. 6 3 1 5 4 7 2

6. 1. m'aimes t'aime 2. les aime 3. me détestes 4. te trouve
5. la détestons

7. 1. allons 2. vais vais 3. allez 4. va 5. vont 6. vas

8. c e a d f b h g

9. 1. Rosine, aime-t-elle aller aux magasins? Oui, elle adore y aller.
2. Pierre et Rosine, aiment-ils nager? Non, ils n'aiment pas beaucoup cela.
3. Pascale, aime-t-elle nager? Oui, elle aime assez bien cela.
4. Pascale et Rosine, aiment-elles danser? Non, elles détestent cela.
5. Rosine, aime-t-elle jouer au badminton? Non, elle n'aime pas du tout y jouer.
6. Pierre, aime-t-il aller au bar? Oui, il adore y aller.

Unit 5

1. 1. c 2. e 3. a 4. f 5. h 6. b 7. g 8. d

2. fais suis joue joues fais apprends joue écris prépares écris prépare regarde rends sors connais passe

3. a. je lis b. je conduis c. je regarde d. je joue e. je me lave f. j'écris

4. 7. sept heures cinq
5. sept heures dix
2. sept heures vingt-cinq
1. sept heures quarante-cinq
10. huit heures cinq
6. neuf heures
11 douze heures cinquante
8. dix-sept heures trente-cinq
3. dix-huit heures trente
9. dix-neuf heures vingt
4. vingt-deux heures trente

5. 1. Je joue toujours au football le samedi.
2. Anne rend souvent visite à ses parents.
3. D'habitude Marc va au travail en voiture.
4. Le week-end je ne fais pas la vaisselle.
5. Le vendredi Pascale va quelquefois au gymnase.
6. Nadine ne boit jamais de café.

6. 1. Qui 2. Où 3. Comment 4. Quel 5. Combien 6. Que
7. Quand

7. à au en à à à en aux au aux au en à

8. Free answers.

Unit 6

1. 1. c 2. f 3. d 4. h 5. a 6. g 7. b 8. e

2. 1. Il aime le bleu, le gris et le noir.
2. Non, il ne l'aime pas.
3. Elle coûte 500F.
4. Elle cherche une chemise en coton.
5. Non, elle ne le sait pas.

3. 1. un chapeau 2. un jean 3. une écharpe 4. un manteau
5. une veste 6. un pantalon 7. des chaussures (f) 8. un imperméable 9. une robe 10. un collant

4. 1. sept Francs trente-cinq 2. quinze Francs vingt-cinq
3. vingt et un Francs 4. trente-neuf Francs cinquante-cinq
5. soixante Francs cinq 6. soixante et onze Francs quarante-cinq 7. soixante-dix-neuf Francs 8. quatre-vingts Francs cinquante 9. quatre-vingt-dix-neuf Francs 10. cent vingt Francs 11. deux cent cinq Francs 12. mille Francs cinquante

5. 1. Quelle Celle-ci 2. Quelle Celle-ci 3. Quel celui-ci
4. quelles celles-ci 5. celui-ci 6. ceux-ci

6. 1. Elle fait combien, cette montre? Elle fait trois cent cinquante Francs.
2. Elles font combien, ces cravates? Elles font quatre-vingt-quinze Francs cinquante.
3. Elle fait combien, cette jupe? Elle fait quatre cent cinquante Francs vingt-cinq.
4. Elles font combien, ces pommes? Elles font cinq Francs le kilo.
5. Il fait combien, ce parapluie? Il fait soixante-quinze Francs.
6. Elles font combien, ces chaussettes? Elles font vingt-cinq Francs.

7. va faire ne va pas cuisiner va quitter va rentrer va arriver va verser va préparer va manger vont sortir vont s'asseoir

8. (these are only some of the possibilities)
1. Elle fait quelle taille?
2. Elle coûte combien, cette robe?
3. Il est de quelle couleur, ce chapeau?
4. Combien font les chaussettes?
5. Est-ce que je peux vous aider?
6. Où sont les cravates, s'il vous plaît?

Unit 7

1. 1. e 2. g 3. c 4. a 5. h 6. b 7. f 8. d

2. vous près connaissez droit jusqu'à à droite droite à devant tourne ou où avec Voici voici du de qui là

3. premier (première) deuxième (second, seconde) troisième quatrième cinquième sixième septième huitième neuvième dixième

4. 1. à la bibliothèque 2. à la poste 3. à la piscine 4. à la banque 5. au supermarché 6. chez le boucher 7. au restaurant 8. à la librairie 9. à la boulangerie

5. 1. me 2. te 3. nous 4. se s' 5. s' 6. vous

6. 1. Ils n'ont rien.
2. Nous n'avons que 100F.
3. Je ne l'aime plus.
4. Il ne m'aide jamais à la cuisine.
5. Vous n'avez plus de vin dans la cave?

7.

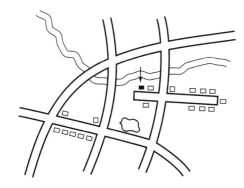

8. 1. Elle est ouverte quand, la bibliothèque? Pendant la semaine elle est ouverte de dix heures à dix-huit heures, mais elle est fermée de midi trente à quatorze heures. Le samedi elle est ouverte de dix heures à treize heures. Elle est fermée le dimanche.
2. Elle est ouverte quand, la poste? Elle est ouverte de neuf heures à cinq heures de l'après-midi pendant la semaine. Le samedi elle est ouverte de neuf heures à midi, et elle est fermée le dimanche.
3. Il est ouvert quand, le restaurant de la Bonne Paysanne? Il est ouvert de midi à quinze heures trente, et de dix-neuf heures à minuit, tous les jours sauf le lundi.

Unit 8

1. 1. g 2. f 3. d 4. c 5. a 6. b 7. e

2. as passé j'ai passé m'a vu m'a demandé j'ai aidé n'a pas compris suis allé t'a vu a dit est partie ai téléphoné j'ai tout expliqué a décidé j'ai pris

3. 1. la piscine 2. le pont 3. ont mangé 4. demain 5. quitte

4. les manteaux messieurs les travaux fous les feux des chevaux les bals des choux-fleurs les chemins de fer

5. 1. sont 2. sommes 3. a 4. suis 5. avez 6. est 7. êtes 8. as

6. 1. Elle s'est disputée avec Marc.
2. Elle l'a vu dans la rue du Pont.
3. Il n'a rien dit.
4. Elle est rentrée chez elle.
5. Elle a téléphoné à sa mère.
6. Marc lui a téléphoné.

7. 1. Qu'est-ce que Dominique a fait le vendredi soir? Elle est allée voir ses parents.
2. Qu'est-ce que Marc a fait samedi matin? Il a eu rendez-vous avec Jean.
3. Qu'est-ce qu'Anne a fait dimanche soir? Elle est allée au bar St Quentin avec Liliane.
4. Qu'est-ce que Liliane a fait vendredi soir? Elle a regardé la télévision.

Unit 9

1. 1. f 2. a 3. e 4. c 5. d 6. b

2. suis allé me suis très bien amusé es allé as trouvé j'ai eu m'a emmené m'a montré n'as pas fait as fait as oublié suis parti t'es cassé suis tombé me suis fait es allé t'es blessé n'as pas été a eu

3. 1. mille neuf cent soixante-dix-neuf
2. mille neuf cent quatre-vingt-cinq
3. mille neuf cent quatre-vingt-dix-neuf
4. mille huit cent trente
5. deux mille
6. mille neuf cent quatorze

4. 1. à bicyclette 2. à pied 3. en voiture 4. par le train 5. à cheval 6. en avion

5. je me suis lavé(e) j'ai pris j'ai j'ai cru je me suis assis(e) je lis j'ai conduit je peux j'ai été je sors j'ai acheté je bois je suis revenu(e)

6. 1. Il le leur enseigne.
2. Je le lui ai acheté.
3. Ils y sont allés hier soir.
4. Mon père y a mis beaucoup de temps.
5. Sylvie en a préparé beaucoup.
6. Pierre, mon petit, tu nous le donnes, oui?
7. Il les leur montre.

7. 1. Quand est-ce qu'elle est née?
2. Quand est-ce que sa famille est venue en France?
3. Où est-ce que sa famille a acheté une maison?
4. Où est-ce qu'elle a été étudiante?
5. Qu'est-ce qu'elle a étudié?
6. Quand est-ce que Pascale et Philippe se sont mariés?

8. 1. Est-ce qu'elle a téléphoné au camping? Oui, elle l'a fait.
2. Est-ce qu'elle a acheté des provisions? Oui, elle en a acheté.
3. Est-ce qu'elle est allée à la banque? Non, elle n'y est pas allée.
4. Est-ce qu'elle a vérifié la tente? Oui, elle l'a vérifiée.

Unit 10

1. 1. f 2. e 3. b 4. a 5. c 6. d

2. 3 8 2 6 1 11 7 10 5 4 12 9

3. Fruits: une pomme une banane une poire un citron une orange une fraise une framboise un ananas.
Légumes: une laitue une pomme de terre des petits pois des haricots des carottes un oignon un poivron rouge un poireau.
Viandes: du poulet du bœuf du jambon du porc une côtelette du saucisson du veau des cuisses de grenouille.

4. 1. deux cent cinquante grammes de tomates
2. un demi kilo de courgettes
3. un litre d'huile d'olive
4. deux bouteilles de vin rouge
5. un paquet de spaghettis
6. six oranges
7. trois cent cinquante grammes de bifteck haché.

5. 1. du 2. un 3. du 4. un 5. de la 6. des 7. une 8. du 9. des 10. du

6. 1. de du 2. des de 3. Des 4. des 5. de 6. du

7. 1. Qui s'est disputé hier? Pascale et Philippe.
2. Est-ce que Philippe prend de l'exercice? Non.
3. Mange-t-il beaucoup au petit déjeuner? Oui.
4. Qui achète de la bière et des hamburgers? Philippe.
5. Joue-t-il souvent au tennis? Non.

8. 1. D'habitude Dominique prend un yaourt et un jus de fruit pour son petit déjeuner, et un sandwich pour son déjeuner.
2. D'habitude, Philippe prend du pain, des croissants et des céréales pour son petit déjeuner, et il boit du chocolat. Pour

son déjeuner il prend un hamburger ou une pizza.
3. D'habitude Pascale prend du pain et du café pour son petit déjeuner, et du fromage et une pomme pour son déjeuner.

Unit 11

1. 1. d 2. g 3. h 4. e 5. b 6. a 7. c 8. f

2. taper utiliser Parlez- parle écrivez conduire conduire conduire apprendre travailler commencer.

3. 1. Vous savez jouer du piano?
   2. Vous savez dessiner?
   3. Vous savez parler japonais?
   4. Vous savez taper à la machine?
   5. Vous savez cuisiner?
   6. Vous savez conduire?
   7. Vous savez chanter?

4. docteur comptable notaire pilote agent facteur ouvrier photographe dentiste boulanger technicien

5. 1. Qui 2. qui 3. que 4. Que 5. qui 6. que

6. 1. savez 2. connais 3. peux 4. connaissez 5. sais peux 6. connaissons pouvez

7. 1. Parce qu'elle a un nouvel emploi.
   2. Parce qu'elle est tellement occupée.
   3. Parce qu'il y fait trop froid et il y pleut trop.
   4. Parce qu'il y fait beau tout le temps.

8. 1. Est-ce que Philippe sait parler espagnol? Oui, il le parle très bien.
   2. Est-ce que Jacques sait parler espagnol? Non, il ne le parle pas vraiment.
   3. Est-ce que Pascale sait faire du ski? Oui, elle en fait un peu.
   4. Est-ce que Jacques et Claudine savent faire du ski? Non, ils n'en font pas du tout.
   5. Est-ce que Jacques sait jouer au tennis? Oui, il y joue très bien.
   6. Est-ce que Claudine sait parler espagnol? Oui, elle le parle un peu.

Unit 12

1. 1. f 2. h 3. g 4. a 5. c 6. b 7. e 8. d

2. 1. c 2. a 3. b 4. c 5. b 6. c

3. 1. premier 2. trente-cinq francs cinquante 3. seize 4. mille cinq cents 5. quatre-vingt-neuf 6. deux cent soixante et onze 9. neuvième 8. vingt et un

4. 1. froid 2. (ne) jamais 3. bon 4. mal 5. blanc 6. facile 7. je déteste 8. tante 9. au revoir 10. hier 11. je commence 12. il est né

5. 1. Combien coûtent-ils la pièce?
   2. Quand est-ce que tu l'as achetée? (vous l'avez achetée)
   3. A quelle heure ferme le magasin?
   4. Il (elle) est de quelle couleur?
   5. Elle a quel âge?

6. 1. j'ai eu 2. tu es allé 3. nous avons été 4. il a lu 5. elle s'est lavée 6. je suis venu 7. vous avez bu 8. ils ont joué 9. elle est morte 10. je suis revenu

7. 1. Nous ne sommes pas allés voir de film hier.
   2. Cette maison n'a pas de jardin énorme.

3. Il n'a jamais aimé le vert.
4. Il n'est plus là/Il n'est jamais là.
5. Il n'y a rien dans le placard.
6. Il n'y a pas de vin rouge dans la cave.

8. 1. Il fait quelle pointure?
   2. Tu vas revenir nous rendre visite?
   3. Je sais nager mais je ne peux pas aujourd'hui.
   4. Ils n'ont pas eu de chance, n'est-ce pas?
   5. A qui est-ce que tu téléphones?
   6. J'ai des vins et des bières, mais je n'ai pas de whisky.

9. 1. Blanc – Blanche 2. que – qui 3. des – du/un 4. sais – connais 5. avons – sommes 6. demain – hier (or a appris – va apprendre)

10. 1. Je n'y suis jamais allé.
    2. Ils le lui ont offert.
    3. Ils l'aiment, mais elle ne les aime pas.
    4. Donnez-le lui.
    5. Tu vas le lui dire?

11. Across 1. jus 4. soie 6. quelle 8. vendredi 9. livre 10. avez 13. une 14. revu 15. es 18. bière 19. enfant. Down 1. jean 2. soir 3. plaît 5. ouvrier 6. quinze 7. Espagne 11. vue 12. en 16. soif 17. œuf

Unit 13

1. 1. f 2. d 3. b 4. h 5. a 6. g 7. c 8. e

2. 1. vrai 2. faux 3. vrai 4. faux 5. faux 6. vrai

3. 1. le nez 2. la bouche 3. le menton 4. les cheveux 5. un œil (les yeux) 6. une oreille 7. la dent 8. le cou

4. content content contents contente plus content le plus content
   vieux / vieil vieux vieille plus vieux le plus vieux
   beau / bel beaux belle plus beau le plus beau
   bon bon bons bonne meilleur le meilleur
   long long longs longue plus long le plus long
   gros gros gros grosse plus gros le plus gros
   blanc blanc blancs blanche plus blanc le plus blanc
   vif vif vifs vive plus vif le plus vif
   heureux heureux heureux heureuse plus heureux le plus heureux
   doux doux doux douce plus doux le plus doux
   nouveau / nouvel nouveaux nouvelle plus nouveau le plus nouveau
   loyal loyal loyaux loyale plus loyal le plus loyal

5. 1. savais suis parti 2. aimait était 3. ont mangé sont sortis 4. m'appelais 5. connaissais étais 6. ai dû ai sorti

6. aussi que assez plutôt longs yeux porte porter même

7. 1. Gérard pèse le plus.
   2. Gérard est le plus âgé.
   3. Christian est le plus jeune.
   4. Christian est le plus grand.
   5. Christian est plus jeune que Nicole.
   6. Gérard et Nicole sont moins grands que Christian.
   7. Christian et Gérard ont les cheveux plus foncés que Nicole.
   8. Gérard a les cheveux les plus courts.

Unit 14

1. 1. c 2. e 3. b 4. a 5. d

2. fais appelles habites rentrerai es arrivée n'ai pas téléphoné étais 'ai travaillé me suis endormie es faites viens ferai.

3. Etats-Unis 1. Inde 2. Portugal 3. Maroc 4. Angleterre 5. Espagne 6. Turquie 7. Tunisie 8. Italie 9. Brésil

4. 1. pleut 2. vient 3. avait 4. oublies aurons 5. fait

5. tu viendras nous irons il sera ils auront vous conduirez j'écrirai il faudra ils pourront

6. 1. Quel temps fait-il?
   2. N'aime-t-elle pas la Martinique?
   3. Combien de touristes sont arrivés?
   4. Que feront les touristes en ville?
   5. Que fait Gisèle comme travail?
   6. Qui va préparer le repas?

7. 1. Le car partira à 8h00.
   2. Tu dois apporter tes chaussures de montagne lundi.
   3. Tu ne dois jamais laisser la porte de la chambre ouverte si tu es sortie.
   4. On sert le petit déjeuner de 7h00 à 9h00.

Unit 15

1. 1. c 2. f 3. d 4. e 5. a 6. b

2. Ne quitte pas à l'appareil Je m'excuse de te déranger ça va Qu'est-ce qu'il y a? voudriez venir Tant pis se retrouve

3. 1. janvier 2. février 3. mars 4. avril 5. mai 6. juin 7. juillet 8. août 9. septembre 10. octobre 11. novembre 12. décembre

4. 1. match 2. concert 3. ballet 4. cinéma 5. pique-nique 6. théâtre

5. 1. Vous voulez aller voir un film avec moi mercredi?
   2. Vous voulez/Tu veux aller faire du ski cet après-midi?
   3. Tu veux aller voir tes parents ce week-end?
   4. Vous voulez/Tu veux encore un café?
   5. Vous voulez/Tu veux rentrer chez moi prendre un pot?

6. 1. viendrais 2. irait 3. aimerions 4. rendrait 5. sortirions 6. pourriez

7. 6 8 2 7 3 5 1 9 4

8. 1. Si on jouait mardi soir?
   2. Si on jouait mercredi après-midi?
   3. Si on jouait jeudi?
   4. Si on jouait vendredi?
   5. Si on jouait samedi matin?
   6. Si on jouait dimanche matin?

Unit 16

1. 1. b 2. f 3. c 4. a 5. d 6. e

2. les tiens Les miens La mienne la sienne le vôtre le nôtre le mien

3. 1. A apprendre: le français le ski le dessin la guitare écrire
   2. A regarder: un match de football une télévision des films une pièce de théâtre une photographie
   3. A utiliser: un téléphone un calendrier un appareil un ordinateur une pendule

4. 1. la sienne 2. Les nôtres 3. la leur 4. La vôtre 5. Les miennes 6. le mien le leur

5. 1. Est-ce que je peux écouter votre radio?
   2. Est-ce que je peux vous téléphoner au bureau?
   3. Est-ce que je peux lire votre journal?
   4. Est-ce que je peux vous emprunter votre appareil?
   5. Est-ce que je peux m'asseoir à côté de vous?
   6. Est-ce que je peux fermer la fenêtre?

6. a 2. pas permis b 5. permis c 4. pas permis d 6. permis e 1. permis f 3. pas permis.

7. 1. Combien de fois nage-t-elle?
   2. Combien de fois fait-elle du camping?
   3. Combien de fois va-t-elle chez le dentiste?
   4. Combien de fois fait-elle de la danse?
   5. Combien de fois sa mère lui rend visite?

8. Free answers.

Unit 17

1. 1. b vi 2. a vii 3. f ii 4. d v 5. c i 6. g iii 7. e iv

2. 8 5 7 1 9 2 6 4 10 3

3. 1. Les voitures entreront en une collision
   2. Il pleuvra.
   3. Il tombera par terre.
   4. Elle mettra sa lettre à la poste.
   5. Il sera en retard.
   6. Elle se cassera.
   7. Il ouvrira la porte.

4. 1. écoute 2. viennent 3. dire 4. vu 5. amène 6. connais

5. 1. x à 2. de 3. de 4. x à 5. aux 6. à 7. à

6. 1. n' personne 2. n'importe qui 3. quelqu'un 4. tout le monde 5. Aucun

7. 1. Non – j'en aurai à la fin du mois.
   2. Non – j'en recevrai d'un ancien ami.
   3. Non – il sera mécontent.
   4. Non – je me disputerai avec mon partenaire.
   5. Si – je serai très active.

8. 1. Je ne vais plus apprendre la guitare – je vais plutôt apprendre le piano.
   2. Je ne vais plus renoncer aux nouveaux vêtements – je vais plutôt renoncer aux disques.
   3. Je ne vais plus m'intéresser à mes études – je vais plutôt m'intéresser aux chevaux.
   4. Je ne vais plus écouter les débats à la radio – je vais plutôt écouter de la musique.
   5. Je ne vais plus chercher un emploi – je vais plutôt chercher un copain riche.

Unit 18

1. 1. c 2. d 3. e 4. a 5. b

2. billets en plus arrive part rester dois

3. aéroglisseur – 1. quai 2. métro 3. réservation 4. horaire 5. bagages 6. banlieue 7. simple 8. ascenseur 9. SNCF 10. coffre 11. douche 12. arrêt

4. 1. Comment – c'est lequel? 2. Comment – pour où?
   3. Comment – c'est combien? 4. Comment – duquel?
   5. Comment – pourquoi?

5. 1. Pourriez-vous parler plus lentement, s'il vous plaît?
   2. Pourriez-vous me donner deux billets aller-retour pour Tours, s'il vous plaît?
   3. Pourriez-vous me dire où se trouve la gare, s'il vous plaît?
   4. Pourriez-vous me donner de l'eau, s'il vous plaît?
   5. Pourriez-vous me prêter votre stylo, s'il vous plaît?

6. 1. Tous les touristes étaient en colère.
   2. Il n'y avait ni chambres pour deux personnes, ni douches!
   3. Les chambres étaient sales, et le repas au restaurant était mauvais.
   4. Je voulais chercher un autre hôtel, mais il était trop tard.
   5. Je me suis disputée avec le directeur de l'hôtel, qui n'était pas très gentil.
   6. Mais demain on retourne en France!
   7. Le vol arrivera à Paris Charles de Gaulle à 14h30.

7. 1. P: S'il vous plaît, vous pouvez me dire à quelle heure part le prochain train pour Amiens? F: Oui… il part à six heures cinquante-sept. P: Et le trajet dure combien de temps? F: Il dure vingt-six minutes.
   2. P: S'il vous plaît, vous pouvez me dire à quelle heure part le prochain train pour Paris? F: Oui… il part à huit heures douze. P: Et le trajet dure combien de temps? F: Il dure une heure et quarante minutes.

Unit 19

1. 1. d 2. f 3. a 4. e 5. b 6. c

2. as fait as était n'ai pas pu s'est passé me sens n'ai pas pu ne rentres pas ai est a emmené avons déjeuné était 'ai vomi était

3. 1. main 2. pied 3. ventre 4. cheville 5. poignet 6. bras 7. genou 8. tronc 9. tête 10. jambe

4. 1. me brosse 2. me le suis cassé 3. se lave 4. me suis coupé 5. s'est heurté 6. couvert de bleus

5. 1. Pourquoi tu ne prends pas une aspirine?
   2. Pourquoi tu ne vas pas chez le dentiste?
   3. Pourquoi tu ne vas pas au lit de bonne heure?
   4. Pourquoi tu ne vas pas chez le médecin?
   5. Pourquoi tu ne t'assieds pas?
   6. Pourquoi tu ne te mets pas au régime?

6. 1. Si, elle mangeait beaucoup.
   2. Non, elle n'est pas devenue plus maigre.
   3. Non, elle l'a parce qu'elle est fatiguée.
   4. Si, ils sont importants.
   5. Non, on rencontre plein de gens intéressants.

7. 1. Quand je suis allé en Ecosse pour faire du camping, il pleuvait tous les jours.
   2. Quand j'étais étudiant, je portais des lunettes.
   3. Quand j'habitais à Paris, je faisais du jogging tous les jours.
   4. Quand je travaillais comme jardinier, j'étais vraiment en bonne forme!
   5. Quand je travaillais dans un restaurant, je suis devenu très gros!
   6. Quand j'étais en vacances en Espagne, j'ai attrapé la grippe.

Unit 20

1. 1. d 2. a 3. e 4. c 5. b

2. 1. vrai 2. faux 3. vrai 4. vrai 5. faux

3. heure pendant depuis jamais longtemps jusqu'à avant temps moment quelquefois parfois en dans dès lorsque

4. 1. viens de 2. avant 3. dans 4. en 5. en 6. jusqu'à ce 7. Depuis 8. A partir de

5. 1. depuis 2. pendant 3. Pendant 4. Depuis 5. depuis 6. pendant 7. depuis

6. 1. attendons 2. étaient 3. arriveront 4. a lu 5. habitions 6. serai

7. a reçu vis ai entendu habite a commencé n'ont pas pu avons écrit avons envoyé aimons

8. 1. Tu as lavé la voiture? Oui, je l'ai déjà fait.
   2. Tu as acheté des provisions? Oui, je l'ai déjà fait.
   3. Tu as tondu le gazon? Non, je ne l'ai pas encore fait.
   4. Tu as fait la vaisselle? Non, je ne l'ai pas encore faite.
   5. Tu as fait les sandwichs? Oui, je les ai faits.
   6. Tu as mis les lettres à la poste? Non, je ne l'ai pas encore fait.

Unit 21

1. 1. e 2. b 3. h 4. a 5. f 6. g 7. c 8. d

2. fait ne t'ai pas vue vais ai entendu travaille aime suis suis fais travaille 'ai vu passais l'ai vu faisait parlais ne pouvais pas était était avait ne parlaient pas

3. 1. trouver 2. demander 3. vendre 4. partir 5. apprendre (le français de son fils) 6. donner 7. se souvenir de 8. s'endormir

4. 1. journal 2. écouter 3. cheval 4. dispute 5. apporter 6. couteau

5. 1. Je travaille à l'hôpital depuis cinq ans.
   2. J'ai habité en Italie pendant deux ans.
   3. J'ai travaillé dans une maison de retraite pendant deux ans.
   4. J'habite à Belleville depuis quatre ans.
   5. Mes parents habitent en Normandie depuis trois ans et demi.
   6. J'ai les cheveux gris depuis deux ans.

6. 7 3 6 9 8 2 4 1 5

7. 1. Il était en train de manger un hamburger.
   2. Il portait sa casquette.
   3. Il était assis sur le canapé.
   4. Ils jouaient sous la table.
   5. Elle pleurait.
   6. Il tenait une cuillère.
   7. Il était sur la table.
   8. Il mangeait un poisson.

Unit 22

1. une journée – un jour un trajet – un voyage des valises – des bagages l'agent – le gendarme les baskets – les chaussures de sport une veste – un blouson la monnaie – l'argent une baguette – un pain

2. 1. Elle avait écrit une liste.
   2. Non, elle n'était pas allée à la banque.
   3. Il avait oublié d'aller à la banque.
   4. Parce qu'ils n'avaient pas d'argent.
   5. Ils ont fait la vaisselle.

3. 1. poignée fermaient 2. bouton marchait 3. poignée ouvrait 4. clé démarrer 5. radio avais

4. 1. Il faut 2. Il n'en reste 3. il est 4. Il pleut 5. Il fait

5. 1. lui-même 2. moi 3. nous-mêmes 4. vous-même

6. Nadine: 1 4 6 7 9 11 13
   Denise: 2 3 5 8 10 12 14

7. 1. J'aurais dû cacher l'alcool.
   2. J'aurais dû laisser des yaourts.
   3. J'aurais dû vider les poubelles.
   4. J'aurais dû mettre le chien au chenil.
   5. J'aurais dû demander à tante Marie de leur téléphoner.
   6. J'aurais dû rester chez moi!

Unit 23

1. 1. g 2. e 3. a 4. b 5. d 6. c 7. f

2. 1. Il m'a dit qu'il allait quitter Lyon pour aller à Paris.
   2. Je lui ai demandé pourquoi il partait.
   3. Il m'a dit qu'il avait trop de problèmes ici.
   4. Je lui ai demandé lesquels.
   5. Il m'a dit qu'il en avait plein.
   6. Il m'a dit qu'il n'aimait pas son emploi, que sa patronne ne l'aimait pas, et qu'il avait trop de problèmes avec ses copines.
   7. Je lui ai demandé ce qu'il allait faire à Paris.
   8. Il m'a dit qu'il ne savait pas encore.
   9. Il m'a demandé ce que j'allais faire vendredi soir.
   10. Je lui ai répondu que je ne faisais rien.
   11. Je lui ai demandé pourquoi.
   12. Il m'a répondu qu'il avait deux billets pour le théâtre.

3. 1. d 2. g 3. e 4. f 5. c 6. a 7. b

4. tristement – 1. gentiment 2. vraiment 3. bien
   4. précisément 5. trop 6. prudemment 7. mal 8. sagement
   9. constamment 10. extrêmement

5. 1. Ils parlent intelligemment.
   2. Il marche d'un pas d'ivrogne.
   3. Elle regarde le pain d'un air affamé.
   4. Elle parle d'un ton fâché.
   5. Elle aime aveuglément.

6. 1. Que fais tu ce week-end?
   2. Je vais à une fête.
   3. C'est où cette fête?
   4. C'est à Bellevue. Ça va être très bien.
   5. Pourquoi ça?
   6. Parce que les parents de ma copine partent pour le week-end.
   7. Elle s'appelle comment, ta copine?
   8. Elle s'appelle Nadine, et son frère s'appelle Jean-Claude.

7. 1. On dit «Excusez-moi, où se trouve la gare?»
   2. On dit «Bonne nuit.»
   3. On dit «Cela vous dérange si je m'assieds à côté de vous?»
   4. On dit «A quelle heure ferme la bibliothèque?»
   5. On dit «Vous avez quel âge?»

Unit 24

1. 1. beaucoup de 2. sale 3. partir 4. tôt 5. toujours 6. fort 7. mal

2. 1. musée 2. dîner 3. école 4. âge 5. garçon 6. fenêtre 7. décembre 8. hôtel 9. déjeuner 10. Noël 11. préférer 12. neuvième 13. frère

3. 1. feras 2. iront 3. prendra 4. seront 5. partira 6. chercheras

4. puis – minuit – lui – puits
   vacances – danse -avancent
   deux – peut – peu – mieux
   aller – fermé – jouait -permettaient
   êtes – fourchette – arrête – achète

5. 1. Jacques est plus grand que Lucile.
   2. Il neigera demain.
   3. Vous voulez aller au cinéma ce week-end?
   4. C'était l'anniversaire de Pascale, donc je lui ai acheté un cadeau.
   5. Tu veux aller faire du camping en août?
   6. Tu le lui as donné?
   7. Je venais de m'habiller quand elle est arrivée.

6. Across 2. cours 6. pour 7. ici 8. œil 10. toi 11. revenir 13. fini 14. mademoiselle 18. vendredi 20. grands 22. maman 23. cave 24. cesse 26. de 27. légère 28. fleurs 30. mal 31. tente.
   Down 1. four 2. cravate 3. vite 4. soif 5. il 9. an 12. renseignement 15. mardi 16. légume 17. larme 19. nouvelle 21. danser 25. âgé 26. du 29. sel

7. Aujourd'hui c'est Mardi. Il fait très chaud tous les jours, mais aujourd'hui il pleut. L'hôtel est super – il est petit et tranquille, mais il y a une grande piscine et deux restaurants. Il y a aussi plein de gens intéressants. Nous nageons tous les jours. Acheter des souvenirs, c'est difficile, puisque nous ne parlons pas la langue. Mais les habitants sont très gentils, et préparent des repas magnifiques. A samedi. Michel et Sylvie.

8. The answers are up to you, as long as you remember to use the conditional tense.

Reference Section

VERBS

An asterisk next to a verb indicates that it congugates the perfect tense using *être* instead of *avoir*.

REGULAR VERBS

-er verbs

INFINITIVE	PRESENT	PERFECT	FUTURE
porter	je porte	j'ai porté	je porterai
	tu portes	tu as porté	tu porteras
	il porte	il a porté	il portera
	nous portons	nous avons porté	nous porterons
	vous portez	vous avez porté	vous porterez
	ils portent	ils ont porté	ils porteront

-ir verbs

INFINITIVE	PRESENT	PERFECT	FUTURE
finir	je finis	j'ai fini	je finirai
	tu finis	tu as fini	tu finiras
	il finit	il a fini	il finira
	nous finissons	nous avons fini	nous finirons
	vous finissez	vous avez fini	vous finirez
	ils finissent	ils ont fini	ils finiront

-re verbs

INFINITIVE	PRESENT	PERFECT	FUTURE
rendre	je rends	j'ai rendu	je rendrai
	tu rends	tu as rendu	tu rendras
	il rend	il a rendu	il rendra
	nous rendons	nous avons rendu	nous rendrons
	vous rendez	vous avez rendu	vous rendrez
	ils rendent	ils ont rendu	ils rendront

Regular verbs with a stem change

INFINITIVE	PRESENT	PERFECT	FUTURE
acheter	j'achète tu achètes il achète nous achetons vous achetez ils achètent	j'ai acheté	j'achèterai
appeler	j'appelle tu appelles il appelle nous appelons vous appelez ils appellent	j'ai appelé	j'appellerai
avancer	j'avance tu avances il avance nous avançons vous avancez ils avancent	j'ai avancé	j'avancerai
célébrer	je célèbre tu célèbres il célèbre nous célébrons vous célébrons ils célèbrent	j'ai célébré	je célébrerai
changer	je change tu changes il change nous changeons vous changez ils changent	j'ai changé	je changerai
ennuyer	j'ennuie tu ennuies il ennuie nous ennuyons vous ennuyez ils ennuient	j'ai ennuyé	j'ennuierai

Regular verbs with a stem change which appear in this book

Like acheter: amener emmener espérer se lever* peser promener

Like avancer: commencer

Like célébrer: précéder préférer s'inquiéter*

Like changer: déménager déranger manger nager neiger partager plonger ranger voyager

Like ennuyer: envoyer nettoyer payer

IRREGULAR VERBS

INFINITIVE	PRESENT	PERFECT	FUTURE
aller*	je vais tu vas il va nous allons vous allez ils vont	je suis allé	j'irai
appartenir (see tenir)			
apprendre (see prendre)			
avoir	j'ai tu as il a nous avons vous avez ils ont	j'ai eu	j'aurai
boire	je bois tu bois il boit nous buvons vous buvez ils boivent	j'ai bu	je boirai
comprendre (see prendre)			
conduire	je conduis tu conduis il conduit nous conduisons vous conduisez ils conduisent	j'ai conduit	je conduirai
connaître	je connais tu connais il connaît nous connaissons vous connaissez ils connaissent	j'ai connu	je connaîtrai
construire (see conduire)			
contenir (see tenir)			
courir	je cours tu cours il court nous courons vous courez ils courent	j'ai couru	je courrai
croire	je crois tu crois il croit nous croyons vous croyez ils croient	j'ai cru	je croirai
cuire	je cuis tu cuis il cuit nous cuisons vous cuisez ils cuisent	j'ai cuit	je cuirai

INFINITIVE	PRESENT	PERFECT	FUTURE
devenir* (see venir)			
devoir	je dois tu dois il doit nous devons vous devez ils doivent	j'ai dû	je devrai
écrire	j'écris tu écris il écrit nous écrivons vous écrivez ils écrivent	j'ai écrit	j'écrirai
être	je suis tu es il est nous sommes vous êtes ils sont	j'ai été	je serai
faire	je fais tu fais il fait nous faisons vous faites ils font	j'ai fait	je ferai
falloir	il faut	il a fallu	il faudra
lire	je lis tu lis il lit nous lisons vous lisez ils lisent	j'ai lu	je lirai
mettre	je mets tu mets il met nous mettons vous mettez ils mettent	j'ai mis	je mettrai
naître*	je nais tu nais il naît nous naissons vous naissez ils naissent	je suis né	je naîtrai
ouvrir	j'ouvre tu ouvres il ouvre nous ouvrons vous ouvrez ils ouvrent	j'ai ouvert	j'ouvrirai
paraître (see connaître)			
partir*	je pars tu pars il part nous partons vous partez ils partent	je suis parti	je partirai

INFINITIVE	PRESENT	PERFECT	FUTURE
peindre	je peins tu peins il peint nous peignons vous peignez ils peignent	j'ai peint	je peindrai
permettre (see mettre)			
pleuvoir	il pleut	il a plu	il pleuvra
pouvoir	je peux tu peux il peut nous pouvons vous pouvez ils peuvent	j'ai pu	je pourrai
prendre	je prends tu prends il prend nous prenons vous prenez ils prennent	j'ai pris	je prendrai
recevoir (see voir)			
reconnaître (see connaître)			
revenir* (see venir)			
rire	je ris tu ris il rit nous rions vous riez ils rient	j'ai ri	je rirai
savoir	je sais tu sais il sait nous savons vous savez ils savent	j'ai su	je saurai
sentir (see partir)			
servir (see partir)			
sortir* (see partir)			
se souvenir* (see venir)			
suffire	il suffit	il a suffi	il suffira
suivre	je suis tu suis il suit nous suivons vous suivez ils suivent	j'ai suivi	je suivrai
se taire*	je me tais tu te tais il se tait nous nous taisons vous vous taisez ils se taisent	je me suis tu	je me tairai
tenir	je tiens tu tiens il tient nous tenons vous tenez ils tiennent	j'ai tenu	je tiendrai

INFINITIVE	PRESENT	PERFECT	FUTURE
venir* (see tenir)			
vivre	je vis	j'ai vécu	je vivrai
	tu vis		
	il vit		
	nous vivons		
	vous vivez		
	ils vivent		
voir	je vois	j'ai vu	je verrai
	tu vois		
	il voit		
	nous voyons		
	vous voyez		
	ils voient		
vouloir	je veux	j'ai voulu	je voudrai
	tu veux		
	il veut		
	nous voulons		
	vous voulez		
	ils veulent		

NEGATIVES

ne...pas	not, no
ne...plus	no longer, no more
ne...jamais	never
ne...rien	nothing
ne...personne	no one
ni...ni...	neither...nor...
aucun	none, no one

ARTICLES

MASC. SING.	FEM. SING.	SING. BEFORE VOWEL/MUTE H	MASC. PL.	FEM. PL.
le	la	l'	les	les

ADJECTIVES

REGULAR

MASC. SING.	FEM. SING.	SING. BEFORE VOWEL/MUTE H	MASC. PL.	FEM. PL.
content	contente	content	contents	contentes

OTHER FORMS

MASC. SING.	FEM. SING.	SING. BEFORE VOWEL/MUTE H	MASC. PL.	FEM. PL.
jeune	jeune	jeune	jeunes	jeunes
gros	grosse	gros	gros	grosses
gentil	gentille	gentil	gentils	gentilles
bon	bonne	bon	bons	bonnes
italien	italienne	italien	italiens	italiennes
blanc	blanche	blanc	blancs	blanches
heureux	heureuse	heureux	heureux	heureuses
faux	fausse	faux	faux	fausses
léger	légère	léger	légers	légères
premier	première	premier	premiers	premières
vif	vive	vif	vifs	vives
beau	belle	bel	beaux	belles
nouveau	nouvelle	nouvel	nouveaux	nouvelles
fou	folle	fol	fous	folles
vieux	vieille	vieil	vieux	vieilles
loyal	loyale	loyal	loyaux	loyales
final	finale	final	finals	finales

COMPARATIVES

REGULAR

ADJECTIVE	COMPARATIVE	SUPERLATIVE
content	plus content	le plus content

IRREGULAR

ADJECTIVE	COMPARATIVE	SUPERLATIVE
bon	meilleur	le meilleur
mauvais	plus mauvais/pire	le plus mauvais/le pire
petit	plus petit/moindre	le plus petit/le moindre

DEMONSTRATIVE ADJECTIVES

MASC. SING.	FEM. SING.	SING. BEFORE VOWEL/MUTE H	MASC. PL.	FEM. PL.
ce	cette	cet	ces	cettes

DEMONSTRATIVE PRONOUNS

MASC. SING.	FEM. SING.	MASC. PL.	FEM. PL.
celui	celle	ceux	celles

INTERROGATIVE ADJECTIVES

MASC. SING.	FEM. SING.	MASC. PL.	FEM. PL.
quel	quelle	quels	quels

PERSONAL PRONOUNS

SUBJECT	DIRECT OBJECT	INDIRECT OBJECT	GENITIVE	REFLEXIVE
je	me	me		me
tu	te	te		te
il	le/la	lui, y	en	se
elle	le/la	lui, y	en	se
on	le			se
nous	nous	nous		nous
vous	vous	vous		vous
ils	les	leur, y	en	se
elles	les	leur, y	en	se

NUMBERS

CARDINAL NUMBERS

1 un, une   2 deux   3 trois   4 quatre   5 cinq   6 six   7 sept   8 huit   9 neuf   10 dix   11 onze   12 douze   13 treize   14 quatorze   15 quinze   16 seize   17 dix-sept   18 dix-huit   19 dix-neuf   20 vingt   21 vingt et un   22 vingt-deux   23 vingt-trois   24 vingt-quatre   25 vingt-cinq   30 trente   40 quarante   50 cinquante   60 soixante   70 soixante-dix   71 soixante et onze   72 soixante-douze   80 quatre-vingts   83 quatre-vingt-trois   90 quatre-vingt-dix   100 cent

1.000 mille   1.500 mille cinq cents   1.505 mille cinq cent cinq   1.000.000 million

ORDINAL NUMBERS

premier (première)   deuxième   troisième   quatrième   cinquième   sixième   septième   huitième   neuvième dixième

MONTHS

janvier – January   février – February   mars – March   avril – April   mai – May   juin – June   juillet – July   août – August   septembre – September   octobre – October   novembre – November   décembre – December

DAYS

lundi – Monday   mardi – Tuesday   mercredi – Wednesday   jeudi – Thursday   vendredi – Friday   samedi – Saturday   dimanche – Sunday

HOW TO SAY DATES

le 3 janvier 1995   le trois janvier mille neuf cent quatre-vingt-quinze

le 1er mai   le premier mai

HOW TO SAY THE TIME

Quelle heure est-il?	What's the time?
Il est huit heures.	It's eight o'clock.
Il est minuit.	It's midnight.
Il est midi et demi.	It's half past twelve midday.
Il est dix heures et demie.	It's half past ten.
Il est onze heures moins le quart.	It's quarter to eleven.
Il est six heures et quart.	It's quarter past six.
Il est vingt heures dix.	It's ten past eight in the evening.

Glossary

After each entry in the Glossary you will find the number of the unit in which the item of vocabulary first occurs.

A

à	to, in 2
à (samedi)	until (Saturday) 13
à cause de	because of 9
à côté de	next to 3
à l'appareil	on the phone 15
à la hâte	in a hurry, quickly 7
à la mode	in fashion 6
à partir de	since, from 20
à peu près	around, about 15
à propos	by the way 15
à propos de	about, on the subject of, speaking of 10
à tout à l'heure	see you soon 15
abord, d'abord	first 9
accident (m)	accident 21
accompagner	to accompany 21
achat (m)	purchase 5
acheter	to buy 2
actif (ve)	active 16
adorable	adorable, lovely 4
adorer	to love 4
adresse (f)	address 1
aéroglisseur (m)	hovercraft 18
aéroport (m)	airport 9
affamé	starved 23
affreux (se)	terrible 8
Afrique (f)	Africa 9
âgé	old 13
agence de voyages (f)	travel office 3
agenda (m)	diary 15
agent (de police) (m)	policeman 2
agréable	nice 3
aimer	to like 3
air, avoir l'air...	to look...19
alcool (m)	alcohol 22
alcoolique	alcoholic 12
Algérie (f)	Algeria 9
Allemagne (f)	Germany 1
allemand	German 1
aller simple (m)	one-way ticket 18
aller	to go 2
aller-retour (m)	return ticket 18
allô	hello (on phone) 2
alors	then 3
amener	to bring someone 17
américain	American 1

Amérique (f)	America 14
ami(e) (m,f)	friend 5
amusant	funny, amusing 23
an	year 1
ananas (m)	pineapple 10
ancien (ne)	(before noun) ex- 17
ancien (ne)	(after noun) ancient 22
anglais	English 1
Angleterre (f)	England 1
année (f)	year 4
anniversaire (m)	birthday 15
août	August 15
appareil (m)	camera 15
appartement (m)	apartment 16
appartenir à	to belong to 9
appeler	to call, to ring 3
apporter	to bring something 14
apprendre quelque chose	to learn something 5
approximativement	approximately 23
après	after 9
arbre (m)	tree 22
archéologique	archaeological 11
argent (m)	money 6
arrêt (m)	stop, bus stop 18
arroser	to water 24
article (m)	article in newspaper 2
artiste (m,f)	artist 11
arts, beaux-arts (m pl)	fine art 7
ascenseur (m)	elevator 18
Asie (f)	Asia 9
aspirine (f)	aspirin 19
assez	enough, quite, fairly 4
assiette (f)	plate 21
assis	sitting 14
athlétisme (m)	athletics 8
attendre	to wait 15
attention (f)	attention 17
attirant	attractive 13
attraper	to catch 19
au bord de	by the side of 14
au revoir	goodbye 2
au secours!	help! 23
au (=à+le)	in the, to the, at the 3
au-dessus	above 7
aucun	no one, not one 17
aussi	too 2
Australie (f)	Australia 1
australien(ne)	Australian 1

auto (f)	car 9	**bleu**	blue 2
autobus (m)	bus 4	**blond**	blond, fair 132
autour de	around 24	**blouson** (m)	jacket 13
autre	other 18	**bœuf** (m)	beef 10
avancer	to advance 24	**boire**	to drink 5
avant	before 7	**boisson** (f)	drink 12
avantageux(se)	advantageous, special 3	**bon marché**	cheap 6
avec	with 2	**bon(ne)**	good 2
avenir (m)	future 17	**bonjour**	hello 1
avenue (f)	avenue 7	**bouche** (f)	mouth 13
aveugle	blind 23	**boucher** (m)	butcher 7
aveuglément	blindly 23	**boucle d'oreille** (f)	earring 13
avion (m)	airplane 9	**boulanger** (m)	baker 11
avocat (m)	lawyer 2	**boulangerie** (f)	baker's 7
avoir besoin de	to need 11	**bouteille** (f)	bottle 10
avoir de la chance	to be lucky 9	**boutique** (f)	small shop 9
avoir lieu	to take place 14	**bouton** (m)	button 22
avoir mauvaise mine	to look terrible 19	**bras** (m)	arm 19
avoir raison	to be right 2	**Brésil** (m)	Brazil 1
avoir	to have 1	**brésilien(ne)**	Brazilian 1
avril	April 15	**briller**	to shine 14
		bruit (m)	noise 20
		bureau (m)	office, desk 3
		bus (m)	bus 16

B

badminton (m)	badminton 4		
baguette (f)	small loaf 22		
bain (m)	bath 3		

C

bal (m)	ball 8	**c'est**	it is 1
ballet (m)	ballet 15	**ça** (=cela)	it 2
banane (f)	banana 10	**ça m'est égal**	I don't care 20
banlieue (f)	outskirts 18	**cacher**	to hide 2
banque (f)	bank 7	**cadeau** (m)	present 6
bar (m)	bar 4	**café** (m)	coffee 1; café 3
barbecue (m)	barbeque 15	**caféine** (f)	caffeine 4
basket (m)	basketball shoe 22	**calendrier** (m)	calendar 16
bateau (m)	boat 24	**camion** (m)	truck 11
bâtiment (m)	building 3	**campagne** (f)	country, countryside 22
bavarder	to chat 16	**camping** (m)	camping, campsite 9
beau (bel, belle)	beautiful, attractive, handsome 3	**Canada** (m)	Canada 1
		canadien(ne)	Canadian 1
beauté (f)	beauty 4	**canapé** (m)	sofa 3
bébé (m)	baby 23	**cantine** (f)	canteen 4
belge	Belgian 1	**car** (m)	coach 14
Belgique (f)	Belgium 9	**carafe** (f)	carafe 10
besoin, avoir besoin de	to need 11	**carotte** (f)	carrot 10
beurk!	yuk! 4	**carrefour** (m)	crossroads 7
beurre (m)	butter 4	**carte postale** (f)	postcard 14
bibliothèque (f)	library 7	**cartes** (f pl)	cards (playing cards) 5
bicyclette (f)	bicycle 9	**casquette** (f)	cap 16
bien sûr	of course 9	**cauchemar** (m)	nightmare 20
bien	well 2	**ce**	this 6
bientôt	soon 23	**ceci** (=celui-ci)	this one 6
bienvenu	welcome 14	**célébrer**	to celebrate 15
bière (f)	beer 3	**célibataire**	single (i.e. not married) 1
bifteck (m)	steak 10	**celle-ci**	this one 6
billet (m)	ticket 8	**celui-ci**	this one 6
blanc (m)	white wine 10	**centre** (m)	center 18
blanc(he)	white 3	**céréale** (f)	cereal 10
bleu (m)	bruise 19	**certainement**	certainly 16

cesser	to stop 24	**collant** (m)	pair of tights 6
cette	this 6	**collègue** (m, f)	colleague 17
chaise (f)	chair 3	**collision** (f)	collision 17
chaleur (f)	heat 11	**combien?**	how many? 5
chambre (f)	room, bedroom 3	**commander**	to order (e.g. in a restaurant) 10
chambre particulière (f)	single room 18	**commencer**	to begin 5
changer	to change 16	**comment ça va?**	how are you? 2
chanson (f)	song 11	**comment**	how 2
chanter	to sing 11	**comment!**	what! 6
chanteuse (f)	female singer 11	**comment?**	what (did you say)? 4
chapeau (m)	hat 4	**complet** (m)	suit 21
chaque	each 9	**comprendre**	to understand 8
charmant	charming 16	**comptable** (m, f)	accountant 11
chat (m)	cat 3	**concert** (m)	concert 9
chaud	hot 12	**conducteur** (m)	driver (of bus, etc.) 11
chauffeur (m)	driver (of taxi, etc.) 9	**conduire**	to drive 5
chaussette (f)	sock 6	**conférence** (f)	meeting 15
chaussure (f)	shoe 6	**connaissance** (f)	knowledge, aquaintance 1
chaussures de marche (f pl)	walking boots 9	**connaître**	to know, be acquainted with 3
chef (m)	leader, head 11	**conseil** (m)	advice 19
chef de cuisine (m)	chef 11	**constamment**	constantly 23
chef des ventes (m)	head of sales 14	**construire**	to build, to make 22
chemin de fer (m)	railroad 8	**contacter**	to contact 17
chemise (f)	shirt 6	**contenir**	to contain 4
chemise sport (f)	informal shirt 6	**content**	happy 3
chenil (m)	kennels 22	**continuer**	to continue 7
cher (chère)	dear (as in darling) 2	**contraire** (m)	opposite 23
cher (chère)	expensive 6	**contre**	against 19
chercher	to look for 5	**copain** (m)	friend, boyfriend 5
chéri(e)	darling 22	**copine** (f)	friend, girlfriend 1
cheval(aux) (m)	horse 8	**corbeille** (f)	basket 22
cheveux (m pl)	hair 13	**corps** (m)	body 19
cheville (f)	ankle 19	**côtelette** (f)	cutlet, chop 10
chez	at (a place) 5	**coton** (m)	cotton 6
chez moi	at home, at my house 5	**cou** (m)	neck 13
chien (m)	dog 12	**coude** (m)	elbow 19
chinois	Chinese 1	**couleur** (f)	color 2
chocolat (m)	chocolat 10	**coup** (m)	blow, punch 21
choisir	choose 24	**couramment**	fluently 24
chose (f)	thing 4	**courgette** (f)	courgette (zucchini) 10
chou (m)	cabbage 9	**courir**	to run 21
chou-fleur (m)	cauliflower 8	**cours** (m)	lesson, course 4
chuchoter	to whisper 21	**courses** (f pl)	(food) shopping 4
chut!	shhh! 23	**court**	short (not to describe a person) 13
cinéma (m)	cinema (movie house) 5		
cinq	five 1	**couteau** (m)	knife 3
cinquième	fifth 7	**coûter**	to cost 6
citron (m)	lemon 10	**couvert**	covered 19
classe (f)	class 16	**cravate** (f)	tie 6
clé (f)	key 14	**crier**	to shout 23
client (m)	client 21	**croire**	to believe 8
club (m)	club 11	**croissant** (m)	breakfast pastry 7
coffre (m)	boot of car 18	**croque-monsieur** (m)	toasted cheese sandwich 19
coffre-fort (m)	safe 14	**cruel(le)**	cruel 4
cognac (m)	brandy 16	**cuillère** (f)	spoon 21
coin (m)	corner 3	**cuire**	to cook 24
coïncidence (f)	coincidence 16	**cuisine** (f)	kitchen 3
colère (f)	anger 18	**cuisine** (f)	cooking 19

cuisiner	to cook 6
cuisses de grenouille (f pl)	frogs legs 10

D

d'habitude	normally, usually 5
dans	in 4
danse (f)	dance 16
danser	to dance 4
date (f)	date 15
de bonne heure	early 19
de plus	more 11
de	to, from, of 1
débat (m)	debate 17
débordant	overflowing 24
début (m)	beginning 17
décembre	December 15
décider	to decide 8
dehors	outside 23
déjà	already 9
déjeuner (m)	lunch 4
déjeuner	to have lunch 19
demain	tomorrow 5
demander	to ask 8
démarrer	to start up (engine) 22
déménager	to move (house) 21
demi	half 4
dent (f)	tooth 13
dentiste (m, f)	dentist 11
départ (m)	departure 18
dépenser	to spend 23
dépliant (m)	brochure 9
déposer	to deposit 7
depuis	since (time) 20
déranger	to disturb, to bother 15
dernier	last 8
derrière	behind 3
dès	since, from 20
descendre dans un hôtel	to stay in a hotel 16
descendre	to go down 22
désirer	to desire, to want 1
désolé	sorry 1
désordre (m)	disorder, mess 24
dessert (m)	dessert 19
dessin (m)	drawing 16
dessiner	to draw 11
détester	to hate 4
deux	two 1
deuxième	second 7
devant	in front of 7
devenir	to become 19
devoir	to be obliged to, must 13
devoir	to owe 18
difficile	difficult 5
dimanche	Sunday 5
dîner (m)	dinner 6
directeur (m)	manager 18
direction (f)	direction 8
discothèque (f)	disco 20

dispute (f)	argument 17
disque (m)	disc, record 17
dix	ten 1
dixième	tenth 7
docteur (m)	doctor 2
doigt (m)	finger 11
donner	to give 9
dormir	to sleep 19
doucement	softly, quietly 23
douche (f)	shower 3
doué	gifted 19
doux(ce)	soft 13
drogue (f)	drug 4
droite	right 3
du (de+le)	some 1
durer	to last 18

E

eau (f)	water 3
écharpe (f)	scarf 6
éclatant	bright, startling 13
école (f)	school
écossais	Scottish 1
Ecosse (f)	Scotland 1
écouter	to listen to 16
écrire	to write 2
église (f)	church 7
elle	she 1
embrasser	to hug, to greet 20
émission (f)	program 5
emmener	to bring someone 9
emploi (m)	job 2
emprunter à	to borrow from 7
en face de	opposite 5
en fait	in fact 14
en	of it, some, in 2
en panne	broken down 16
en plus	extra, on top 18
en retard	late 4
en route	on the way 15
en train de	in the middle of doing something 13
enchanté	delighted 1
encore	still 7
enfance (f)	childhood 20
enfant (m)	child 2
enfin	finally, anyway 22
ennuyer	to bore 19
ennuyeux	boring 19
énorme	enormous 12
enseigner	to teach 9
entendre	to hear 20
entre	between 3
entreprise (f)	company 2
entrer	to enter 17
environ	about 15
envoyer	to send 20
erreur (f)	mistake 2

Espagne *(f)*	Spain 1	**fin** *(f)*	end 6
espagnol	Spanish 1	**final**	final 13
espérer	to hope 14	**finance** *(f)*	finance 17
est *(m)*	East 14	**financier(ière)**	financial 17
estomac *(m)*	stomach 9	**finir**	to finish 4
et	and 1	**fleur** *(f)*	flower 22
Etats-Unis *(m pl)*	United States 1	**fois** *(f)*	time 13
été *(m)*	summer 15	**follement**	madly 23
étiquette *(f)*	label 6	**foncé**	dark 13
étoile *(f)*	star 22	**fond** *(m)*	end, bottom 7
étonné	surprised 21	**football** *(m)*	soccer 5
étrange	strange 22	**forêt** *(f)*	forest 2
étranger(ère)	foreign 11	**fort**	strong 13
être en forme	to be fit, in shape 19	**fort**	loud, loudly 23
être	to be 1	**fou(folle)**	mad 8
études *(f pl)*	studies 9	**four** *(m)*	oven 24
étudiant(e) *(m, f)*	student 9	**fourchette** *(f)*	fork 24
étudier	to study 9	**fraise** *(f)*	strawberry 10
Europe *(f)*	Europe 9	**framboise** *(f)*	raspberry 10
eux	them 14	**franc** *(m)*	Franc (unit of currency) 6
évier *(m)*	kitchen sink 3	**français**	French 1
examen *(m)*	exam 17	**France** *(f)*	France 1
excursion *(f)*	excursion 14	**frère** *(m)*	brother 2
excuser	to excuse 7	**frigo** *(m)*	*re*frigerator 3
exercice *(m)*	exercise 10	**frite** *(f)*	chip 10
exotique	exotic 22	**froid**	cold 11
expliquer	to explain 8	**fromage** *(m)*	cheese 10
extra-	extra- 16		
extrêmement	extremely 23		

G

		gagner	to win 24
F		**gai**	cheerful 4
		gaiment	cheerfully 23
facile	easy 6	**gant** *(m)*	glove 6
facteur *(m)*	mailman 11	**garage** *(m)*	garage 3
faible	weak 20	**garder**	to look after 14
faim *(f)*	hunger 10	**gare** *(f)*	station 5
faire + verb	to have something done 18	**gâteau** *(m)*	cake 19
faire attention	to be careful 17	**gauche**	left 3
faire	to do, to make 1	**gazon** *(m)*	lawn 20
falloir	to be necessary 12	**gendarme** *(m)*	policeman 22
familier(ère)	familiar 24	**Genève**	Geneva 18
famille *(f)*	family 15	**genou** *(m)*	knee 19
fatigué	tired 19	**gens** *(m pl)*	people 3
faux	false 13	**gentil(le)**	nice, kind 2
favori	favorite 5	**golf** *(m)*	golf 15
femme *(f)*	wife, woman 2	**grand**	big 2
fenêtre *(f)*	window 3	**grand-mère** *(f)*	grandmother 2
fermé	closed 7	**grand-père** *(m)*	grandfather 2
fermier *(m)*	farmer 9	**grec**	Greek 1
festival *(m)*	festival 20	**grippe** *(f)*	flu 19
fête *(f)*	party, celebration 7	**gris**	gray 6
fêter	to celebrate 22	**gros**	fat, huge 2
feu *(m)*	fire 8	**grosses bises**	big hugs, kisses 2
février *(m)*	February 15	**guerre** *(f)*	war 20
fiancé(e) *(m, f)*	fiancé 21	**guide** *(m)*	guide 11
filiale *(f)*	branch, subsidiary 2	**guitare** *(f)*	guitar 5
fille *(f)*	daughter, girl 2	**gymnase** *(m)*	gymnasium 3
film *(m)*	film 14	**gymnastique** *(f)*	gymnastics 19
fils *(m)*	son 2		

H

habitant *(m)*	inhabitant 24
habiter	to live 2
haché	minced 10
hall *(m)*	lobby 3
hamburger *(m)*	hamburger 10
haricot *(m)*	bean 10
heure *(f)*	hour 4
heureux(se)	happy 13
hi! hi!	ha! ha! 21
histoire *(f)*	story 8
horaire *(m)*	timetable 18
horreur *(f)*	horror 3
hors-d'œuvre *(m)*	starter 10
hôtel *(m)*	hotel 9
huile *(f)*	oil 9
huit	eight 1
huitième	eighth 7

I

ici	here 7
idée *(f)*	idea 6
identifier	to identify 11
il	he 1
il y a (temps)	(time) ago 21
il y a	there is, there are 2
île *(f)*	island 14
ils	they 1
impatience *(f)*	impatience 15
imperméable *(m)*	raincoat 6
importance *(f)*	importance 17
important	important 19
Inde *(f)*	India 1
indien(ne)	Indian 1
indiquer	to indicate, to show 16
infirmière *(f)*	nurse 21
ingénieur *(m)*	engineer 2
instrument *(m)*	instrument 9
intelligemment	intelligently 23
intelligent	intelligent 23
intéressant	interesting 5
international	international 2
invitation *(f)*	invitation 15
inviter	to invite 24
irlandais	Irish 1
Italie *(f)*	Italy 1
italien(ne)	Italian 1
ivre	drunk 13
ivrogne *(m)*	drunkard 23

J

jaloux(se)	jealous 3
jamais, ne…jamais	never 5
jambe *(f)*	leg 8
jambon *(m)*	ham 10
janvier *(m)*	January 15
Japon *(m)*	Japan 1
japonais	Japanese 1

jardin *(m)*	garden 3
jardinage *(m)*	gardening 15
jardinier *(m)*	gardener 19
jaune	yellow 3
jazz *(m)*	jazz 20
je	I 1
je ne sais pas	I don't know 2
jean *(m)*	pair of jeans 6
jeudi *(m)*	Thursday 5
jeune	young 2
jogging *(m)*	jogging 19
joli	pretty 6
jonquille *(f)*	daffodil 24
jouer	to play 4
jour *(m)*	day 12
journal *(m)*	newspaper 4
journal *(m)*	diary, journal 5
journaliste *(m, f)*	journalist, reporter 2
joyeusement	joyfully 23
juillet *(m)*	July 15
juin *(m)*	June 15
jupe *(f)*	skirt 6
jus *(m)*	juice 10
jusque	until 7
juste	just 18

K

kilomètre *(m)*	kilometer 16
Kir *(m)*	blackcurrant liqueur and white wine 10

L

la pièce *(f)*	each 12
la	the 1
là	there 7
la, l' (object pronoun)	it 4
là-dedans	inside it 16
là-dessous	underneath it 18
lac *(m)*	lake 2
laid	ugly 13
laisser	to leave 14
lait *(m)*	milk 10
laitier	milk, of milk 22
laitue *(f)*	lettuce 10
lamenter	to moan, to lament 23
langue *(f)*	language 11
lapin *(m)*	rabbit 9
laquelle?	which one? 18
larme *(f)*	tear 24
lavabo *(m)*	washbasin, sink 3
le leur, la leur	theirs 16
le long de	the length of, all along 7
le mien, la mienne	mine 16
le nôtre, la nôtre	ours 16
le sien, la sienne	his, hers 16
le	the 1
le tien, la tienne	yours 16
le vôtre, la vôtre	yours 16

le, l' (object pronoun)	it 4	me, m'	me, to me 4
léger(ère)	light (weight) 13	médecin (m)	doctor 19
lentement	slowly 18	méditerranéen	Mediterranean 14
lequel?	which one? 18	meilleur	best 19
les (object pronoun)	them 4	membre (m)	member 19
lettre (f)	letter 11	même	same 5; even 14
leur, leurs	their 12	-même	-self (myself, etc.) 22
librairie (f)	bookshop 3	menton (m)	chin 13
libre	free 15	menu (m)	menu 10
lieu (m)	place 18	mer (f)	sea 14
lire	to read 4	merci	thank you 2
lit (m)	bed 3	mercredi (m)	Wednesday 5
livre (m)	book 7	mère (f)	mother 2
loin	far 7	merveilleux(se)	marvellous 9
Londres	London 2	métro (m)	underground train (subway) 18
long(ue)	long 7	mettre	to put 11
longtemps	a long time 20	mi-temps	part-time 16
lorsque	when 20	midi (m)	noon 7
loterie (f)	lottery 17	mieux	better 19
lourd	heavy (weight) 13	mille	thousand 6
loyal	loyal 13	millionaire (m, f)	millionaire 24
lui	him 13	mince	slim 13
lundi (m)	Monday 5	minéral	mineral 3
lunettes (f pl)	glasses 14	minuit (m)	midnight 7
		minute (f)	minute 15
		moderne	modern 3

M

machine à laver (f)	washing machine	moi	me 1
Madame	Mrs, madam 1	moi-même	myself 22
magasin (m)	shop	moins	less, minus 5
magazine (m)	magazine 4	mois (m)	month 15
magnifique	magnificent 14	moment (m)	moment 6
mai (m)	May 15	monde (m)	world 24
maigre	thin 19	monnaie (f)	change (money) 22
maillot de bain (m)	swimsuit 15	Monsieur	Mr., sir 1
main (f)	hand 19	montagne (f)	mounatin 14
maintenant	now 2	monter à	to ride 11
mais	but 4	monter	to go up, to climb 7
maison (f)	house 3	montre (f)	watch 6
maison de retraite (f)	residential home 21	montrer	to show 9
mal	badly 2	mot (m)	word 8
malade (m)	sick person 21	moto (f)	motorbike 9
malade	sick 9	moyen(ne)	medium, average 6
maladie (f)	illness 20	mur (m)	wall 3
malin, maligne	malicious 23	musée (m)	museum 7
maman	mum, mummy 2	musique (f)	music 17
manger	to eat 4		
manteau (m)	coat 6		
marcher	to work (machine) 16; to walk 20		

N

mardi (m)	Tuesday 5	n'est-ce pas?	isn't it?, isn't he? etc 19
mari (m)	husband 2	n'importe qui	no matter who, anyone 17
marié	married 1	nager	to swim 4
marocain	Moroccan 1	naître	to be born 9
marron	brown 3	natation (f)	swimming 8
mars	March 15	nationalité (f)	nationality 1
match (m)	match, game (football, etc.) 8	nature (f)	nature 9
matin (m)	morning 8	naturel(le)	natural 4
mauvais	bad 2	naturellement	naturally, of course 8
		ne...pas	not, no 1
		ne...personne	nobody 17

ne...que	only 7	paraître	to seem 21
nécessaire	necessary 22	parapluie (m)	umbrella 14
néerlandais	Dutch 1	parce que	because 3
neige (f)	snow 24	pardon	sorry 1
neiger	to snow 14	parent (m)	parent 2
nettoyer	to clean 9	parfaitement	perfectly 2
neuf	nine 1	parfois	sometimes 20
neuvième	ninth 7	parisien(ne)	Parisian 18
neveu (m)	nephew 2	parler	to speak 4
nez (m)	nose 13	partager	to share 16
niçoise	of, from Nice 10	partenaire (m, f)	partner 17
nièce (f)	niece 2	particulier(ère)	particular, private 18
noir	black 3	partir	to leave 7
nom (m)	name 1	(ne...) pas du tout	not at all 4
non	no 1	pas encore	yet 17
non plus	neither 16	passer	to pass, to spend time 5
nord-africain	North African 14	passer un examen	to sit an exam 17
Normandie (f)	Normandy 16	patron(ne) (m, f)	boss 2
nourriture (f)	food 4	pauvre	poor 8
nous	we 1	payer	to pay 22
nouveau(el,elle)	new 2	pays (m)	country 1
nouvelles (f pl)	news 2	paysanne (f)	peasant woman 7
novembre	Novembre 15	pêcher	to fish 14
nuit (f)	night 8	peindre	to paint 15
numéro	number 1	pellicule (f)	film (in camera) 16
		pendant	during, for (time) 9

O

obèse	obese 10	pendule (f)	clock 16
objet (m)	object 14	penser	to think 6
occupé	busy 11	perdre	to lose 13
octobre	October 15	père (m)	father 2
œil (m)	eye 13	permettre	to allow 16
œuf (m)	egg 3	permis	permitted 16
œuf sur le plat (m)	fried egg 10	personnel(le)	personal 1
offrir	to offer 12	personne (f)	person 17
oignon (m)	onion 10	personne	anyone; no one 17
olive (f)	olive 10	peser	to weigh 13
omelette (f)	omelet 10	petit déjeuner (m)	breakfast 4
opéra (m)	opera 11	petit	little, small 2
orange (f)	orange (fruit) 10	petit mot (m)	note 11
orange	orange (color) 3	petit-enfant (m)	grandchild 2
ordinateur (m)	computer 3	peu	little 24
oreille (f)	ear 13	peut-être	perhaps, maybe 2
organisation (f)	organization 18	photo (f)	photo 9
organiser	to organize 22	photographe (m, f)	photographer 2
ou	or 1	photographie (f)	photograph, photography 16
oublier	to forget 9	pianiste (m, f)	pianist 11
ouest (m)	West 14	pièce (f)	item 12
ouvert	open 7	pièce (f)	play (in theater) 15
ouvrier (m)	manual worker 11	pièce (f)	coin 22
ouvrir	to open 22	pied (m)	foot 9
		pilote (m)	pilot 11

P

panneau (m)	sign 7	pique-nique (m)	picnic 15
pantalon (m)	pair of trousers (pants) 6	piscine (f)	swimming pool 3
papa	dad, daddy 2	pizza (f)	pizza 10
paquet (m)	packet 10	placard (m)	cupboard (cabinet) 21
par	by 7; per 13	plainte (f)	complaint 20
		plâtre (m)	plaster 19
		plein	full 4

pleurer	to cry 21	**progrès** (m)	progress 19
pleuvoir	to rain 11	**projet** (m)	plan 5
plonger	to dive 21	**promener**	to take for a walk 20
pluie (f)	rain 22	**propre**	clean 22
(ne…) plus	no more, no longer 2	**provisions** (f pl)	food (supplies) 6
plusieurs	several 9	**prudemment**	prudently 23
plûtot	rather, instead 13	**prudent**	prudent 23
poésie (f)	poetry 5	**public**	public 3
poids (m)	weight 13	**puis**	then 7
poignée (f)	handle 22	**puisque**	since, because 22
poignet (m)	wrist 19	**puits** (m)	well 24
pointure (f)	shoe size 12	**pull** (m)	sweater 6
poire (f)	pear 10	**pur**	pure 4
poireau (m)	leek 10	**pureté** (f)	purity 4
pois (m)	pea 10		
poisson (m)	fish 6	**Q**	
poivre (m)	pepper 24	**qu'est-ce que…?**	what…? 1
poivron rouge (m)	red pepper	**quai** (m)	platform 18
police (f)	police 20	**quand?**	when? 5
poliment	politely 23	**quart** (m)	quarter 5
politicien (m)	politician 14	**quatre**	four 1
pomme (f)	apple 10	**quatrième**	fourth 7
pomme de terre (f)	potato 10	**que**	what, which 5
pommier (m)	apple tree 3	**quel**	what, which 2
pont (m)	bridge 7	**quelle**	what, which 2
populaire	popular 14	**quelqu'un**	someone 14
porc (m)	pork 10	**quelque chose**	something 10
porter	to carry, to wear 6	**quelquefois**	sometimes 5
poser	to put 7	**question** (f)	question 14
poste (f)	post office 7	**qui**	who, whom 5
poubelle (f)	dustbin (garbage can) 22	**quitter**	to leave 15
poulet (m)	chicken 10	**quoi?**	what? 4
pour	for, to 4		
pourpre	purple 3	**R**	
pourquoi	why 3	**raconter**	to tell (a story) 8
pouvoir	to be able 6	**radio** (f)	radio 16
précéder	to precede 24	**raison** (f)	reason 17
précisément	precisely 23	**ranger**	to tidy up 20
préférence (f)	preference 24	**rare**	rare 22
préférer	to prefer 6	**rarement**	rarely 21
premier(ère)	first 7	**rater**	to miss (a bus, etc.) 4
prendre	to take 1; to eat (a meal) 5	**réception** (f)	reception 21
prendre un pot	to have a drink 15	**recevoir**	to receive 21
prénom (m)	first name 12	**reconnaître**	to recognize 16
préparer	to prepare 5	**regarder**	to look (at) 5
près	near 3	**régime** (m)	diet 19
président (m)	president 12	**reine** (f)	queen 14
presque	almost 8	**remarquer**	to notice 22
prêt	ready 4	**rencontrer**	to meet 8
prêter quelque chose à quelqu'un	to lend someone something 16	**rendez-vous** (m)	arrangement to meet 8
		rendre	to give back 5
prix (m)	price 3	**rendre visite à**	to visit someone 5
probablement	probably 20	**renseignements** (m pl)	information 1
problème (m)	problem 17	**rentrer**	to go back in 8
prochain	next 8	**repas** (m)	meal 5
produit (m)	product 22	**répondre**	to reply 21
prof (m, f)	teacher 4	**repousser**	to postpone 16
professeur (m)	teacher 2	**réservation** (f)	reservation 9

réserver	to reserve 18
résolution (f)	resolution 17
ressembler à	to look like 19
restaurant (m)	restaurant 3
rester	to stay, remain 8
retour (m)	return 18
retourner	to return 18
réussir	to succeed 17
rêve (m)	dream 11
revenir	to come back 9
revoir	to see again 2
riche	rich 17
rien, ne…rien	nothing 5
rire	to laugh 14
risque (m)	risk 23
rivière (f)	river 1
robe (f)	dress 6
Romain (m)	Roman (people) 14
rose (f)	rose 24
rose	pink 3
rouge (m)	red wine 10
rouge	red 3
rue (f)	road 1
rugby (m)	rugby 8

S

s'amuser	to enjoy oneself 9
s'appeler	to be called 1
s'arrêter	to stop 20
s'écrire	to be written, to be spelt 22
s'endormir	to go to sleep 14
s'habiller	to get dressed 7
s'il vous plaît	please 1
s'inquiéter	to worry 2
s'intéresser à	to be interested in 17
s'occuper de	to look after 14
sa	his, her 1
sac (m)	bag 13
sagement	sensibly, carefully 23
salade (f)	salad 10
sale	dirty 18
salir	to make dirty 23
salle de bains (f)	bathroom 3
salon (m)	living room 3
salut	hello, hi 2
samedi (m)	Saturday 5
sandwich (m)	sandwich 10
sans	without 7
saucisson (m)	saussage 10
sauf	except 14
sauna (m)	sauna 3
savoir	to know (something, how to do something) 2
savon (m)	soap 3
sciences économiques (f pl)	economics 9
se brosser	to brush one's…19
se casser	to break (one's leg, etc.) 8
se coucher	to go to bed 23

se couper	to cut oneself 19
se disputer	to have an argument 8
se fâcher	to get angry 8
se faire	to do to oneself 9
se heurter contre	to bang one's…against 19
se laver	to wash oneself 5
se lever	to get up 5
se mettre au régime	to go on a diet 19
se promener	to go for a walk 14
se retrouver	to meet up 15
se réveiller	to wake up 21
se sentir	to feel 19
se servir de	to use 16
se souvenir	to remember 9
se taire	to be quiet 17
se voir	to be visible 19
sécher	to dry 22
secrétaire (m, f)	secretary 3
séjour (m)	stay 9
sel (m)	salt 24
semaine (f)	week
sembler	to seem 24
sept	seven 1
septembre	September 15
septième	seventh 7
sérieusement	seriously 23
servir	to serve 14
seul	alone, lonely 19
seulement	only 9
si	if 13; yes 19
six	six 1
sixième	sixth 7
ski (m)	skiing 9
SNCF (f)	French national railroad company 18
social	social 17
sœur (f)	sister 2
soie (f)	silk 6
soif (f)	thirst 12
soigner	to look after 14
soir (m)	evening 5
soirée (f)	party 16
soleil (m)	sun 14
sommeil (m)	sleep 17
son	his, her 1
sorte (f)	sort, kind 12
sortir	go out 5
sortir quelque chose	to take something out 20
soupe (f)	soup 10
source (f)	source 4
sourir	to smile 13
sous	under 3
souterrain	underground 18
souvenir (m)	souvenir 14
souvent	often 5
spaghettis (m pl)	spaghetti 10
sport (m)	sport 16
sportif	sports, of sport 18

stade *(m)*	stadium 8	tourisme *(m)*	tourism 2
stupide	stupid 24	touriste *(m, f)*	tourist 14
style *(m)*	style 6	touristique	tourist, to do with tourism 2
stylo *(m)*	pen, biro 18	tourner	to turn 7
sucre *(m)*	sugar 10	tous	all 2
sud *(m)*	South 14	tous les…	every…16
suffir	to be enough 22	tous les deux	both 2
Suisse *(f)*	Switzerland 9	tout à fait	completely 3
suivre	to follow 11	tout de suite	immediately 17
supermarché *(m)*	supermarket 5	tout droit	straight ahead 7
supposer	to suppose 16	tout le monde	everyone 17
sur le plan…	on the…front 17	train *(m)*	train 9
sur	on 3	trajet *(m)*	trip 18
sûr	sure 4	tranquille	quiet 24
surpris	surprised 8	travail *(m)*	work 8
surprise *(f)*	surprise 12	travailler	to work 11
surveillant de plage *(m)*	lifeguard 11	traverser	to cross 7
sympa	nice 2	trentaine *(f)*	about thirty 13
		très	very 2

T

T-shirt *(m)*	t shirt 13	triste	sad 13
taille *(f)*	size 6	tristement	sadly 23
tant pis	never mind 15	trois	three 1
tant	so much 15	troisième	third 7
tante *(f)*	aunt 12	tronc *(m)*	trunk 19
taper à la machine	to type 11	trop	too 2
tapis *(m)*	carpet 3	trouver	to find 4
tard	late 2	tu	you 2
tas *(m)*	pile 10	Tunisie *(f)*	Tunisia 14
tasse *(f)*	cup 10	Turquie *(f)*	Turkey 9
taxi *(m)*	taxi 9		

U

te, t'	you, to you 4	un	one, a 1
technicien(ne) *(m, f)*	technician 11	une	a 1
téléphone *(m)*	telephone 3	université *(f)*	university 9
téléphoner	to telephone 16	utile	useful 18
télévision *(f)*	television 3	utiliser	to use 11
tellement	so much, very much 10		

V

temps *(m)*	time 11; weather 14	vacances *(f pl)*	vacation 8
tenir	to hold 2	vachement	really 9
tennis *(m)*	tennis 8	vaisselle *(f)*	dishwashing 5
tente *(f)*	tent 9	valeur *(f)*	value 14
terminer	to finish 20	valise *(f)*	suitcase 18
terre, par terre	to the ground 8	veau *(m)*	veal 10
terrible	terrible 19	vedette *(f)*	star (movie, etc.) 24
terrier de lapin *(m)*	rabbit hole) 9	végétarien(ne)	vegetarian 4
tête *(f)*	head 19	vélo *(m)*	bicycle 9
thé *(m)*	tea 1	vendre	to sell 21
théâtre *(m)*	theater 8	vendredi *(m)*	Friday 5
tiens!	hey! 2	venir de	to have just 16
timbre *(m)*	stamp 7	venir	to come 1
tissu *(m)*	fabric 12	vent *(m)*	wind 14
tomate *(f)*	tomato 10	ventre *(m)*	stomach 19
tomber	to fall 8	verbe *(m)*	verb 17
ton *(m)*	tone 23	vérifier	to check 9
ton	your 2	vérité *(f)*	truth 4
tondre	to mow 20	verre *(m)*	glass 10
toujours	still 4; always 5	vers	towards, around 22
tour *(f)*	tower 9		

vert	green 3	**voisin(e)** *(m, f)*	neighbour 18
veste *(f)*	jacket 6	**voiture** *(f)*	car 2
vêtement *(m)*	piece of clothing 7	**voix** *(f)*	voice 23
viande *(f)*	meat 3	**vol** *(m)*	flight 18
vide	empty 13	**vomir**	to be sick, to vomit 19
vidéo *(f)*	video 14	**votre**	your 1
vider	to empty 22	**vouloir**	to want 2
vie *(f)*	life 5	**vous**	you 1
vieux(vieil, vieille)	old 13	**voyage** *(m)*	journey, travel 3
vif(vive)	lively 13	**voyager**	to travel 9
ville *(f)*	town 14	**vrai**	true 4
vin *(m)*	wine 3	**vraiment**	really 2
violon *(m)*	violin 17		
visite *(f)*	visit 16	**W**	
visiter	to visit (a place) 9	**W-C** *(m)*	toilet 3
vite	quickly 7	**week-end** *(m)*	weekend 5
vivre	to live 14	**whisky** *(m)*	whisky 12
voici	here is 4		
voie *(f)*	platform 18	**Y**	
voilà	here it is 6	**y**	there, it, to it 4
voile *(f)*	sailing 14	**yaourt** *(m)*	yoghurt 10
voir	to see 14	**yeux** *(m pl)*	eyes 13